021

팸플릿 021

# 인권 세미나

## 가치 투쟁과 인권의 정치

김형완 지음

한티재

# 차례

## 2부

## 4부

1. 머리말 : 인간 존엄성과 그 실현

2. 인권의 실현 — 악에 대한 심판이냐, 결핍에 대한 충족이냐

3. 인권에서의 권리 주체와 책무 주체

4. 시민권의 딜레마와 이중 과제

5. 인권 보장 기구의 창설과 그 특성

6. 인권 감수성의 왜곡, 이른바 '생활 밀착형 인권'

7. 혐오와 인권의 패러다임

8. 맺음말 : 인권의 정치

# 들어가며

오르한 파묵이라는 터키의 소설가가 있습니다. 그의 대표작으로 꼽히는 『내 이름은 빨강』이라는 소설은 여러모로 특이합니다. 전통적인 소설 작법은, 이를테면 1인칭 주인공 시점이라든지, 전지적 작가 시점이라든지, 처음부터 끝까지 일관된 시좌視座에서 이야기를 풀어냅니다. 그런데 이 소설에는 하나의 사건을 둘러싸고 인물 모두가 돌아가면서 주인공 화자로 등장합니다. 살해당한 시체는 물론, 심지어 그림 속의 개까지 말을 합니다. 가해자가 '나'였다가, 피해자가 '나'가 되기도 하고, 목격자가 '나'가 되기도 합니다. 화자에 따라 하나의 사건이 어떻게 달리 구성되는지, 그 서사가 어떻게 변하는지를 극적으로 보여 줍니다. 등장인물들이 말하는 이 사건의 내러티브는 제각각이어서 서로 충돌하고 얽히며, 결코 간단치 않은 복잡계의 사연으로 변모합니다.

세상에 하나의 서사를 가진 단순 사건이란 없습니다. 하물며 인간의 삶에서 매 순간 직면하는 크고 작은 일들은 중층적이며 복잡하게 서로 교차합니다. 공자가 '정명'正名을 강조했지만, 노자의 『도덕경』 첫머리에서 "명가명 비상명"名可名 非常名이라고 한 까닭도 여기에 있을 것입니다.

그럼에도 우리의 도덕 감정은 선과 악의 경계를 선명하게 분리하고, 악을 절멸하고 선을 북돋울 것을 요구합니다. 악과의 투쟁에서 승리하여 정의를 바로 세울 것을 요구합니다. 어릴 적 읽었던 동화를 상기해 보십시오. 무엇 하나 '권선징악'勸善懲惡 아닌 것이 없습니다. 심지어 착하게 살지 않으면 날벼락을 맞아 죽을지도 모른다는 공포심을 자아낼 정도입니다. '정의강박'正義强迫이랄까요? 그럴 때마다 우리 앞의 세상은 오직 O와 X로 나뉩니다. 그 사이에 네모나 세모, 또는 물음표 따위의 다양성은 자리할 곳이 없습니다. 우리처럼 무시로 정의가 곤두박질치고 선이 악에 의해 능멸당해 온 역사를 되새긴다면, 이렇게 선명한 구분은 너무나 당연한 것일지도 모릅니다.

그런데 혹시 그 구분에 오류는 없을까요? 또 순도 100퍼센트 악과 순도 100퍼센트 선이 존재할까요? 존재한다면 그것은 객관적 실재가 아니라, 우리의 관념일 것입니다. 인간의 도덕 감정은 세상을 더 나아지게 하는 강력한 동력이기도 하지만, 다른 한편으로는 인간 존엄성 파괴의 가장 강력한 장본인이 되기도 합니다. 정의에 대한 신봉에는 이런 이중성에 대한 긴장감을 가져야 합니다. 내가 믿는 선은 반드시 남에게도 선이란 법이 없으며, 내가 악으로 여긴다고 모두에게 악이란 법은 없습니다. 십자군 전쟁부터 양차 세계대전, 심지어 한국전쟁에 이르기까지, 어느 일방이 신봉하는 정의를 상대에게 폭력으로 강요하고, 그 앞에 무릎을 꿇으라고 요구하는 순간, 우리는 종종 돌이킬 수 없는 비극을 겪었음을 기억해야 합니다.

　인간애로 수렴되지 않는 정의는 폭력입니다. 폭력은 종종 정의의 이름으로 행해집니다. 그리고 폭력이 정의로 정당화될 때 가장 잔혹해집니다. 정의는 언제나 심판자를 자처합니다. 정의의 여신 디케가 온몸으로 보여 주듯, 정의는 가차 없이 칼(공정 fairness, 자유)로 응징하고, 천칭(공평 equity, 평등)으로 재단합니다. 응징과 재단은 언제나 '나'의 외부, 즉 타자를 대상으로 합니다. 여기서 '나'와 나의 외부는 철저하게 분절되어 이원화된 세계를 전제합니다. 그러나 타자와 분리된 '나', 세계 밖에 존재하는 '나'가 과연 실재할 수 있을까요?

한편 인간의 몸은 서로 밀접하게 연관된 유기체여서 부분이 전체이고 전체가 곧 부분입니다. 어느 한 곳 소중하지 않은 곳이 없습니다. "사람의 몸 가운데 어디가 가장 소중한 곳이냐?"라는 물음 앞에 우리는 저마다 다른 대답을 할 수 있습니다. 그러나 "아픈 곳이 가장 소중한 곳"이라는 신영복 선생의 말씀은 우리에게 깊은 공명을 일으킵니다. 손가락에 난 작은 상처 하나가 일상을 무너뜨리기도 하고, 심지어는 생명을 앗기도 합니다.

인간 사회 역시 사람 몸처럼 고도로 조직된 유기체여서 어느 한 곳이 불행하면 전체가 행복할 수 없습니다. 불행한 개인이 있으면 사회가 행복할 수 없습니다. 마찬가지로 사회가 무너지면 개인이 온전할 수 없습니다. 인간을 단독자 개인으로 여기면, 개인들의 삶의 단순 총합이 사회와 역사를 구성한다고 믿습니다. 그러니 나의 욕망과 행복이 처음이자 끝이 됩니다. 이웃은 오로지 수단일 뿐입니다. 토마스 홉스는 이것을 "만인의 만인에 대한 투쟁"이라고 했습니다. 그러나 인간을 사회적 주체로 여기면, 사회와 역사가 어떻게 개인의 삶을 구성하게 되는지 깨닫게 됩니다. 그래서 이웃의 비탄이 곧 나의 불행이고, 나의 행복은 이웃 덕분이라는 사실을 알게 됩니다. 기독교의 사랑, 불교의 자비, 유교의 측은지심, 아담 스미스의 sympathy,

마사 누스바움의 compassion 등은 모두 하나같이 이것을 가리키는 개념들입니다. 프랑스의 철학자 자크 데리다가 데카르트의 그 유명한 명제를 인용해서 "나는 애도한다. 고로 존재한다" I mourn therefore I am고 말한 것도 역시 이런 맥락에 있습니다. 이것을 인권의 용어로 '박애'라고 합니다. 박애는 종교적 신앙고백도 아니고 형이상학적 추상개념도 아닙니다. 정의의 자기 성찰적 존재 이유이자, 궁극적 완성태입니다.

오늘날 인문학을 의미하는 후마니타스humanitas, 즉 '인간학'은 독일어로 '박애'를 뜻하기도 합니다. 인권은 인간 정체성에 대한 사유이자 실천이면서 이것이 바로 인문학의 주제이기도 합니다. 따라서 인간학으로서의 후마니타스는 곧 인권입니다. 인문학은 단순히 교양을 뽐내기 위해서 머릿속에 집어넣는 지식·정보도 아니고, 내 개인의 삶을 풍요롭게 하기 위한 정신 승리의 수단도 아닙니다. 인문학은 매우 엄중한 것입니다. 이를테면 이웃의 고통과 슬픔을 외면하지 않겠다, 나의 삶으로 온전히 받아들이겠다, 하는 결단의 지점에 바로 박애로서의 인문학이 존재합니다.

보다 나은 미래를 위한 인간의 강렬한 희구가 인간의 존엄성에 대한 믿음을 낳았고, 이 믿음의 실천이 역사 속에서 인권으로 현출되어 왔습니다. 흙(부식토)을 뜻하는 고대 라틴어

'humus'에서 비롯된 '인간'human은 소멸되지 않고 영원히 순환하는 존재, 즉 존엄한 존재라는 고대인의 믿음을 언어에 반영한 것으로 볼 수 있습니다. 그러나 인권은 단지 '천부의 것'이라는 믿음만이 아니라, 반드시 실천이라는 현장성과 운동성으로 구현됩니다. 예컨대 왕후장상만이 인간으로서의 존엄을 누리던 때 일체의 권리는 무시된 채 의무만이 강요되던 일군의 평범한 사람들이 각성하면서 부조리한 세상에 저항하는 것으로부터 근대 인권 개념은 싹트기 시작했습니다. 시민은 시민운동을 통해 시민적 저항을 조직해 나갔고, 마침내 이 저항은 시민혁명으로 발전했습니다. 혁명이 성공하자 시민권력(국민의회)이 들어섰으며, 이 시민권력이 입법부를 창설하여 시민법(헌법과 법률)을 제정하여 국가권력에 대한 법의 지배, 즉 법치주의를 실현한 것입니다. 즉, 시민(의 탄생) → (시민의) 저항 → (시민)운동 → (시민)혁명 → (시민)권력 → (시민입)법 → (시민권) 체제로 이어지는 이 역사적 전개는 인권이 그저 형이상학적·추상적 도덕규범만이 아니라 아주 구체적인 인간의 역사임을 알게 해 줍니다.

이 책은 인권에 관한 짧은 수상록隨想錄 모음입니다. 일상 속에서 그때그때 떠오르는 느낌이나 생각을 적은 글들입니다. 그동안 언론 매체에 연재한 칼럼들과 SNS에 올린 단상들을 모았습니다. 글은 조악하고 구성은 두서없습니다만, 다루고자 하는 주제들은 무엇 하나 가벼이 할 수 없는 것들입니다. 제목을 '인권 세미나'라고 붙인 이유도 여기에 있습니다. 독자께선 여기서 다룬 주제별로 국내의 관계 법령, 법원의 판례, 헌법재판소와 국가인권위원회의 결정례, 유엔 등 국제 인권 기구의 일반 논평이나 권고 사례 등을 찾아 덧붙여 공부하시면 좋겠습니다. 이 책의 엉성함은 모여 함께 공부하는 것으로 채워질 것이고, 이는 독자 제위의 몫입니다. 이 책이 나오도록 용기를 불어넣어 준 인권정책연구소 식구들과, 깜냥이 안 되는 글을 출판해 주신 한티재에 민망함과 감사의 마음을 전합니다.

# 노동 윤리와 인간 존엄

엔지오 활동가의 활동도 임금으로 환원되는 노동 상품에 불과한가? 엔지오 활동가의 노동조건은 매우 중요한 문제이긴 하지만, 그렇다고 노동조건이 엔지오 활동의 전제라는 주장에는 동의하지 않는다.

사람의 자기실현이 제 노동 상품의 가격 경쟁력에만 달려 있지 않듯이 노동조건은 내 삶을 실현하는 여러 필요조건 가운데 하나일 뿐이다. 일의 특성과 종류에 따라, 또는 불가피한 사정으로 최소한의 여건조차 마련되지 않는 경우도 많다. 게다가 모든 노동은 일이지만, 모든 일이 (임금)노동은 아니다. 일 가운데는 임금이 아닌 다른 유무형의 가치로 보상되는 것이 얼마든지 있다. 엔지오 활동은 노동이 아니라 일이어야 한다고 생각한다.

나는 근 35년의 사회생활 중 15년가량을, 비록 얼치기지만 엔지오 활동가로 일했다. 1996년이던가. 내가 일했던 첫 번째 엔지오 단체에서 활동비(임금이 아니다)로 70여만 원을 받았다. 바로 앞의 직장에 비해 7분의 1 수준으로 수입은 줄었지만, 최소한 7배 이상으로 더 감사하고 귀하게 생각했다. 소외된 노동에서 해방된 느낌이었다. 두 번째 단체 활동은, 아예 단체를 새로 창립하는 바람에, 활동비를 받기는커녕 운영비를 메우기에 급급했다. 그러면서 가족과 친지, 지인들로부터 크고 작은 도움을 받아 근근이 생계와 활동을 이어 나갈 수 있었다.

세속적으로 보자면, 이제껏 하루하루가 비루한 생활이지만, 나의 노동이 고작 임금으로나 환원되고 마는 세상에 대한 환멸과, 그로부터 조금이나마 비켜나려는 나의 소심한 자존심이 그나마 나를 버티게 했다. 그래서일까. 지금도 정작 나의 걱정은 여전히 내 수입이 아니라, 이 단체가 과연 우리 사회에 필요한 것인지, 나름의 기여를 하고 있는지 여부에 온통 쏠려 있다. 가족이나 친지 중엔 이런 나를 아직도 '정신 못 차린 인간'으로 보는 분이 적잖이 계시다.

그러나 여타 다른 이익집단과는 달리 공직을 포함해 엔지오 활동처럼 공공의 가치를 실현하고자 하는 영역에서는 단지 '노동의 상품화' 체제를 넘어, 자기와 세상의 상호 실현으로 보상되는 어떤 가치가 최종 심급으로 자리 잡아야 하지 않을까 생각한다. 그래야 하루를 살더라도 이 세상을 조금이라도 의미 있게 살고자 하는 한 인간으로서의 '가오'가 서지 않겠나.

따지고 보면 성性이 인격의 발현이어서 상품으로 거래할 수 없듯이, 노동 또한 인격의 발현이기에 시장에서 상품으로 거래돼선 안 된다. 애당초 단추가 잘못 꿰어진 것이다. 인신매매가 다른 게 아니다. "노동하지 않는 자 먹지도 말라"는 근대의 노동 윤리는 기껏해야 나의 인격의 발현인 노동을 상품으로 전락시키고 그 가격경쟁력을 여하히 제고하느냐로 수렴됐을 뿐이다. 대체 최저임금의 적정 기준은 무엇이고 주당 노동시간의 제한 기준은 또 어느 수준으로 해야 적정하겠는가. 게다가 노동 3권을 헌법적 기본권으로 정했다지만 워낙 노자 간의 비대칭적 권력관계로 인해 노동시장에서 '자유로운 (노동) 상품 거래'는 꿈도 못 꿀 일 아닌가. 예컨대 노조 파업은 곧 옥쇄 투쟁이고 해고는 살인이어서 저들은 해고의 자유를 맘껏 누리지만 노동은 제 상품의 판매를 자유로이 결정할 수 없다.

과거 마르크스가 「유대인 문제에 관하여」에서 "바보야, 문제는 종교 차별 문제가 아니라 국가권력이잖아" 하고 지적한 것과 마찬가지로, 문제는 '적정 임금'이 아니라 '고작 임금으로 환원되는 소외된 노동' 아니겠나. 꼭 전교 1등 해서 검사 판사 의사가 되지 않아도, 그림을 그려도 노래를 불러도 운동을 해도 신앙인으로 살아도, 인간으로서의 존엄한 삶을 향유할 수 있는 세상을 실현해야 하지 않겠나. 이제 그런 시대가 무산계급의 폭력혁명에 의해서가 아니라 4차 산업혁명과 로봇, AI라는 생산력과 생산관계의 '자기 지양'에 의해 바짝 다가오고 있다.

## 세미나 참고 자료

**대한민국헌법 제10조**
모든 국민은 인간으로서의 존엄과 가치를 가지며, 행복을 추구할 권리를 가진다. 국가는 개인이 가지는 불가침의 기본적 인권을 확인하고 이를 보장할 의무를 진다.

**대한민국헌법 제32조**
① 모든 국민은 근로의 권리를 가진다. 국가는 사회적·경제적 방법으로 근로자의 고용의 증진과 적정임금의 보장에 노력하여야 하며, 법률이 정하는 바에 의하여 최저임금제를 시행하여야 한다.
② 모든 국민은 근로의 의무를 진다. 국가는 근로의 의무의 내용과 조건을 민주주의원칙에 따라 법률로 정한다.
③ 근로조건의 기준은 인간의 존엄성을 보장하도록 법률로 정한다.
(후략)

**경제적·사회적·문화적 권리에 관한 국제 규약 제6조**

1. 이 규약의 당사국은, 모든 사람이 자유로이 선택하거나 수락하는 노동에 의하여 생계를 영위할 권리를 포함하는 근로의 권리를 인정하며, 동 권리를 보호하기 위하여 적절한 조치를 취한다.

임금진, "[노컷그래픽] 대한민국 직장인의 하루", 노컷뉴스, 2015. 3. 24. ⟨https://www.nocutnews.co.kr/news/4387467⟩

# 사회권과 복지국가

우리 헌법 제32조에는 "모든 국민은 근로의 권리를 가진다"라고 명문화되어 있다. 이 조문에서 '모든'이라는 관형어는 공연한 수사로 붙은 게 아니다. 하다못해 개인 간의 각서나 계약 따위도 이해 당사자인 '갑'과 '을' 간의 권리·의무관계를 명확히 하는 것이어서 자구 하나하나마다 신중에 신중을 기해 조문이 작성되기 마련이다. 하물며 국가와 국민 간의 기본적 권리·의무관계를 정한 헌법 조문인 다음에야 오죽하겠는가. 헌법은 '갑'을 국민으로, '을'을 국가로 하여 그 권리·의무관계를 조문화한 것이다. 따라서 헌법상 근로의 권리란, 다른 말로 하자면 "국가는 국민의 일할 수 있는 권리를 보장하는 의무를 진다"는 의미가 된다. 학벌이 있든 없든, 집안 배경이 좋든 나쁘든, 가진

게 많든 적든, 잘났건 못났건, 공부를 잘했건 못했건, 국민이면 누구나 일을 할 권리가 있다는 것이다.

그런데 어떤 국민이 아무리 일하고 싶어도, 그야말로 취업에 목숨을 걸고 나서도 도저히 일자리를 구하지 못해 취업할 수가 없다면, 그래서 근로의 권리를 실현할 수 없게 된다면, 이에 대한 국가의 책임은 어떻게 되는 것일까? 요즘처럼 이른바 완벽한 '스펙'을 갖춘 사람에 한하여서만 취업 기회가 주어지는 상황이라면, 사실상 근로의 권리가 일부의 국민에게만 보장되는 셈이다. 이런 현실을 반영한다면, 우리 헌법 제32조는 "일정한 요건을 갖춘 국민에 한하여 근로의 권리를 가진다. 그 요건에 대하여는 법률로 정한다"로 수정되어야 마땅하다. 그래야 앞뒤가 맞는다는 것이다. 실업 대란의 현실을 고려한다면 권리에 기반한 헌법상 기본권의 재해석이 더욱 절박하게 요구된다.

최근 논의가 활성화되고 있는 복지국가 담론은 사회복지적 상상력에 의하자면 그것이 보편적 복지를 지향하든 선택적 복지를 지향하든 결국 국가 재정의 형편에 따라 그 수준과 범위가 결정되고 마는 한계에 봉착한다. 재정 확충이 선결 과제라는 것이다. 과연 그것은 헌법적으로 타당한 것인가? 그리고 이미 대한민국 정부가 유보 조항 없이 비준함으로써 국내법과 같은 효력을 갖게 된 '경제적·사회적·문화적 권리에 관한 국제 규약¹(이하 사회권 협약)의 제6조 규정과 충돌하지는 않는가? 사회권 협약 제6조는 "이 규약의 당사국은, 모든 사람이 자유로이 선택하거나 수락하는 노동에 의하여 생계를 영위할 권리를 포함하는 근로의 권리를 인정하며, 동 권리를 보호하기 위하여 적절한 조치를 취한다", "이 규약의 당사국이 근로권의 완전한 실현을 달성하기 위하여 취하는 제반 조치에는… 완전고용을 달성하기 위한 기술 및 직업의 지도, 훈련 계획, 정책 및 기술이 포함되어야 한다"고 명시함으로써 협약 당사국의 노동권 보장 의무를 구체화하고 있다. 결국 일자리·취업의 문제는 개인의 능력 여하에 따라 좌우되거나, 쌓아 놓은 개인의 '스펙'에 따라 결정되는 것이 아니라, 궁극적으로 완전고용을 향한 국가의 의무 이행 차원에서 그 책임 주체가 규명되어야 마땅하다는 것이다.

실업수당의 경우를 한 예로 들어보자. 사회복지적 관점에서 실업수당은 노동자가 원치 않는 실업을 당한 경우 당장의 생계 유지를 위한 우선적인 조치로서 사실상 긴급 구조에 해당된다. 그러나 사회권적 관점에서 이를 재구성하자면, 국민의 노동할 권리를 보장하여야 할 의무를 진 국가가 이를 보장하지 못함으로써 결국 노동권을 침해한 데 대한 국가의 범칙금 또는 벌금 지급으로 간주되는 것이다. 이럴 때 비로소 '고용 있는 성장'이란 개념도 정당성을 얻게 된다.

　그렇다면 실업자가 국가를 상대로 근로의 권리를 침해당했다고 소송을 제기한다면 어떨까? 우리에겐 꿈만 같은 이런 상황이 실제 남아프리카공화국이나 인도 등 일부 국가의 법원에서는 뜨거운 쟁점으로 부각된 적이 있고, 판례는 점차 진보적으로 나아가고 있는 추세이다.

　실업 문제에 대한 접근과 시각에 있어서 이처럼 사회복지적 관점과 인권적 관점은 확연히 다르게 자리매김되는 것이다. 이를 놓고 일부에서는 사회복지의 실현이 곧 사회권의 실현이고, 사회권의 실현이 곧 사회복지의 실현이라고 단순 등치시키는 용감한(?) 주장을 내놓고 있다. 이는 아직도 우리 사회의 인권적 상상력이 일천한 수준에 머물고 있음을 반증하는 것이다. 물론 사회권의 실현 정도는 현실적으로 각 나라와 사회의 사정에 연동될 수밖에 없다. 그러나 그렇다고 해서 의무 주체로서 국가의 책무까지 면해지는 것은 아니다. 권리에 기반한 복지국가 담론에 따르면, 재정의 확충이 선결 조건이 아니라 국민 기본권 실현을 위한 국가의 의무 이행이라는 차원에서 재구성되는 것이 우선이라는 것이다. 이 점이 사회권적 상상력의 변별점이다. 이러한 문제의식은 비단 여기서 예로 든 근로의 권리에만 한정되지 않는다. 교육·급식·의료·주거·보육 등 모든 사회권적 영역에 공통적으로 적용되어야 하는 것이다.

100만 실업 대란의 시대에 취업 여부가 순전히 개인의 능력에 따른 것이라는 오해와 왜곡이 횡행하고 있다. 취업을 못 해 심지어 자살하는 젊은이들이 속출하는가 하면, 최저임금 수준에도 못 미치는 시급과 일당에 목을 건 사람들이 부지기수이며, 실업자를 무능하거나 실패한 사람으로 간주하는 차별적 시선이 광범위하게 확산되고 있다. 우리 사회의 미래 비전이 진보와 보수를 막론하고 복지국가로 수렴되고 있는 것은 매우 고무적이고 바람직한 일이다. 그러나 복지국가의 비전은 기존의 관성적 상상력을 뛰어넘는 새로운 가치 전환의 패러다임을 요구한다. 그 출발은 물론 인권에 기반한 상상력이다. 진보와 보수의 경계를 넘나들며 가치의 수준 높은 통합과 변증법적인 진화가 요구되는 시점이다. 국가와 시장의 지속 가능한 발전은 이제 인권에 대한 고려 없이는 원천적으로 불가능하다. 인권 시민사회의 자력화와 자구적인 대안 모색 또한 동시에 풀어야 할 중요한 과제이기도 하다.

## 세미나 참고 자료

 김수정·오선영·김은희·김대심 지음(2020), 『사회복지와 인권』, 학지사.
"인권에 대한 정확한 이해, 사회복지의 인권적 의미를 담아내었다." (학지사) 〈http://www.hakjisa.co.kr/subpage.html?page=book_book_info&bidx=4933〉

# 코로나19와 인권적 대응

한국 시간으로 2020년 11월 24일 기준 코로나19와 관련해서 전 세계의 누적 확진자는 5천8백만 명을 넘어섰고 누적 사망자는 140만 명에 이르고 있다. 한국 역시 소위 'K방역'으로 명명되며 코로나19 대응에 세계적인 모범 사례로 꼽힘에도 불구하고, 12월 8일 현재 누적 확진자 3만8천 명을 넘어섰고 사망자는 550여 명에 달하는 등 그 규모가 결코 작지 않다. 코로나19 사태는 단지 보건의료만의 문제로 국한되지 않고 정치적, 경제적, 사회문화적 차원에서 총체적인 문제로 나타나고 있다. 생명권은 물론이거니와 건강권, 사생활 보장, 언론의 자유, 차별과 혐오, 집회 및 결사의 자유, 노동, 교육, 정보, 주거, 선거, 기아, 실업, 파산, 코로나 블루라는 정신·심리적 문제에 이르기까지 실로 인간의 삶 전체에 영향을 미치고 있다.

국내 인권·시민사회는 2020년 6월 '코로나19 인권대응네트워크'를 결성하고 '인간의 존엄과 평등을 위한 사회적 가이드라인'을 채택, 공표하였다. 이에 따르면 ① 인간의 존엄성을 기반으로 한 인권 존중의 원칙 ② 차별 금지와 특별한 보호의 원칙 ③ 사회적 소통과 참여의 보장 및 의사결정의 원칙이라는 코로나19에 대한 대응의 세 가지 원칙을 제시하고, 다른 무엇보다도 생명과 안전을 위한 국가의 책무를 강조하면서 격리 및 강제적 행정조치 시 발생할 수 있는 인권침해에 특별한 유의를 촉구하였다. 아울러 기업과 언론의 사회적 의무를 환기하면서 코로나19로 인한 위기 상황에서 보장되어야 할 정보, 주거, 집회, 노동, 사회보장 등 시민의 권리를 강조하였다. 가이드라인은 다른 무엇보다도 특별히 사회적 약자, 소수자를 위한 고려가 강구되어야 한다는 점을 강조하였다.

민주성, 개방성, 투명성에 기반한 K방역에 대한 국제사회의 평가는 대체로 긍정적이다. 그 이유는 ① WHO의 규범과 권고에 충실하였고 ② 강제 봉쇄 없이 방역에 성공했으며 ③ 코로나 상황에서도 전국 단위 선거를 성공적으로 치렀으며 ④ 정보기술 활용과 드라이브 스루 등 창의적 대응이 있었으며 ⑤ 메르스 등 이전 경험을 통한 집단학습이 효과를 발휘했고 ⑥ 정부와 민간 기업의 효과적 협업이 가능했으며 ⑦ 정부 정책의 투명성과 신뢰성이 시민적 자발성과 협력과 조화를 이뤘다는 점에서 그리 평가하는 듯하다.

그러나 중앙정부는 물론 지방정부가 '공공의 안전 대 개인의 자유' 프레임을 내세우며 마치 공공의 안전이 개인의 자유를 제한하고 유보해야만 실현되는 것인 양 전제하는 것은 문제적이다. 이는 인권에 대한 무지와 오해에서 비롯된 것으로 보인다. 우리 헌법은 제10조 이하에 기본권의 목록을 열거하면서 제37조 제1항에 "국민의 자유와 권리는 헌법에 열거되지 아니한 이유로 경시되지 아니한다"고 못 박고, 더 나아가 동조 제2항에 국가안전보장, 질서유지, 공공복리를 위하여 필요한 경우에 한하여 법률로써 제한은 가능하지만, 제한하는 경우에도 자유와 권리의 본질적인 내용을 침해할 수 없다고 천명한다. 또한 유엔 경제·사회·문화적권리위원회(사회권위원회)는 지난 2000년 발표한 일반논평 14호를 통해 "공중보건의 문제는 당사국에 의해 기본권 행사를 제한하는 근거로 이용되기도 하는데, 이는 당사국에 의한 제한을 인정하는 것이 아니라 개인의 권리를 보호하는 데 그 의도가 있음을 강조한다"면서, 제한이 불가피한 경우에도 그 제한이 비례적이어야 하며, 필요 최소한으로 제한되어야 하고, 기간 또한 엄격히 제한되어야 한다고 밝혔다.

'공공의 안전'을 통해 이루고자 하는 것도 개인의 생명권과 건강권의 보장이므로, 이는 다른 인권을 박탈하거나 제한함으로써 실현되는 것이 아니라 법률 유보의 원칙, 비례성의 원칙 아래 투명하고 민주적으로 집행되는 가운데 상보적으로 보장된다는 사실을 상기할 필요가 있다. 유엔 등 국제 인권 사회는 지난 1993년 비엔나 세계인권대회를 통해 인권은 상호 의존적이고 분리 불가능하며 서로 연관되어 있으며 보편적 특성을 갖는다는 점을 확인한 바 있다. 따라서 어느 인권이 제한되어야 어느 인권이 보장된다는 주장은 이러한 인권의 특성을 부정하는 것이다. 지난 2001년 9·11 테러를 계기로 많은 국가가 공공의 안전을 명분으로 국가안보를 내세워 개인의 자유를 제한하는 '테러 방지법'을 제정하거나 제정하려 할 때, 국제 인권 사회 및 각 나라의 시민들은 그 부당성을 규탄하였으며, 설사 입법이 불가피하다 하더라도 최소한 위에서 언급한 비례성의 원칙과 법률 유보의 원칙을 준수할 것을 촉구한 바 있다. 요컨대 국가안보는 인권의 제약으로 달성할 수 없으며, 인권은 상보적이기 때문에 어느 인권의 보장이 다른 인권을 제한하는 것으로 실현될 수 없다. 국가안보와 인권의 대립적 설정은 국가안보를 명분으로 인권을 제약하고자 하는 국가주의적, 관료주의적 접근에 다름 아니라는 것이다.

코로나19로 야기된 오늘의 위기 상황은 단편적인 인과관계 속에서 나타난 문제가 아니다. 감염병 위기는 기후위기, 환경 위기, 양극화라는 불평등의 위기와 서로 밀접하게 연관된 가운데 나타난 중층적 재난의 성격을 갖는다. 무분별한 자연의 훼손과 인간 존엄성의 파괴가 결국 오늘날 재앙의 중첩화를 불러왔고, 팬데믹은 이미 인류가 스스로 파멸의 경로에 접어들었음을 경고하고 있다. 지난 수 세기에 걸친 인권의 경시가 오늘의 위기를 초래한 것이다. 따라서 이제까지와 같은 방식으로는 예전으로 돌아갈 수도 없거니와 미래도 없다. 그래서 '뉴 노멀'은 다시 인권이다. 18세기에 쓰인 제1차 인권 혁명의 '인권'은 이제 다시 씌어져야 한다. 이는 자유롭고 평등하며 서로 연대하는 시민권적 가치에, 보다 참여적이고 포용적인, 그리고 실질적 평등이 실현되는 탈시민권적인 가치가 더해질 때 비로소 위기 극복의 지평이 열린다는 의미이기도 하다. 이제 공공의 안전과 개인의 자유가 서로 대립항으로 존재하는 프레임을 벗어나 인권이 서로 조화를 이루는 균형적이고 새로운 프레임을 만들어 내야 한다. 그것은 인권의 상호 불가분성, 상호 의존성, 상호 연관성, 보편성에 기반한 것이어야 한다.

팬데믹 극복을 위한 인권의 프레임은 '회복력＝(국가의) 보

호력 × (사회의) 연대력 × (개인의) 호혜력 / 도시화 × 밀집도'
이어야 한다. 생물학적 면역력을 포함한 사회경제적 회복력은
국가 및 지방정부의 인권 실현 의무 수행에 기반한 보호력에,
사회적 연대에 기반한 개인의 호혜력이 서로 승수로 작용하며
비례관계를 갖는다. 반면, 도시의 밀집과 규모에는 반비례하는
관계를 갖는다. 팬데믹 시대에 조응하는 새로운 프레임이란 결
국 이러한 회복력을 여하히 확보하느냐 하는 것이다. 이에 따
르면 공공의료 체계의 확충과 사회적 안전망 확보 등 국가 및
지방정부의 인권 보장 의무를 제대로 수행할수록, 그리고 기업
의 인권 경영을 비롯해 일과 소득의 균형, 사회적 생산과 소유
관계의 실현, 플랫폼 경제에 대한 공공성 강화 등으로 더 한층
강화된 사회의 시장 지배 및 공공성 강화로 정치·경제·사회적
회복력이 확보된다는 것이다. 국가의 보호력과 사회의 호혜력
의 효과적 결합을 위해, 국가와 사회의 중간 지대에 협치 제도
로서의 재난 거버넌스가 있을 수 있겠다.

한편 중앙 집중적인 초 거대도시화를 지양하고 권한을 나눠
자치와 분권에 기반한 지역 자치 정부의 역할을 제고하는 것은
오늘의 재난을 극복하고 나아가 국가와 사회의 회복력을 제고
하는 데 긍정적으로 작용한다. 도시 집중은 지역에 비해 상대
적으로 행정 서비스의 효율과 자본의 편리성을 누리게 하지만,

그 이면에는 관료 중심주의와 자본 지배라는 실체가 도사리고 있다는 점에 유의해야 한다. 이는 역학적인 측면에서는 물론, 인민 주권주의의 실현에 역진하는 요소로 작용한다.

이제 먹고살자니 위험하고, 안전하자니 굶어야 하는 팬데믹 딜레마에 처했다. 이미 구질서는 무너졌으나 새 질서가 세워지지 않은 대혼란이 일고 있다. 기왕에 하던 대로 하면 할수록 파멸이 더 빨라진다. 그래서 새 질서의 구축이 절박하다. 이를 요약하여 뉴 노멀 디자인의 10대 원칙을 정리하면 다음과 같다.

첫째, 당대의 연대를 넘어 세대 간 연대로.

둘째, 사회적 방역, 또는 사회적 면역력(=인권)을 강화해야 한다.

셋째, 공공과 공유public+common의 플랫폼을 강화해야 한다.

넷째, 세계화, 도시화, 금융화, 생태파괴적 착취와 성장주의를 종식해야 한다.

다섯째, 사회적 연대와 협동의 복구로 신자유주의 시장 질서를 대체해야 한다.

여섯째, '국민국가-시민-자유민주주의'를 넘어 '코뮌commune -인민people-참여민주주의'로 생활 세계를 기획하여야 한다.

일곱째, 지속가능발전SDGs을 지속가능전환STGs으로 혁신해야 한다.

여덟째, 성장을 진화로, 복제에서 융합으로, 수직에서 수평으로, 전위성에서 측위성으로 전환해야 한다.

아홉째, 시장에 대한 공공적 지배를 골자로 하는 '제2의 사회계약'을 쟁취해야 한다.

마지막으로, 더 편하고, 더 싸고, 더 빠르고, 더 좋은 건 착시일 뿐이다. 나의 욕망이 누군가의 존엄을 파괴한다는 상식을 공유해야 한다.

**세미나 참고 자료**

코로나19 인권대응 네트워크.
⟨https://www.facebook.com/KRCOVID19⟩

「COVID-19와 인권 : 유엔 사무총장 정책 보고서」 등 코로나19 대응 관련 국제 인권 규범(지침) 번역 자료(15종) 참고.
⟨https://www.humanrights.go.kr/site/program/board/basicboard/view?menuid=001004002001&boardtypeid=24&boardid=7605466⟩

# 민주시민교육과 인권

민주시민교육이 무엇인지 밝히고, 우리 교육이 어떤 방향으로 나아가야 할지 모색하기 위해서는 "민주주의란 무엇인가", "시민성이란 무엇인가", "교육은 무엇인가"라는 질문을 먼저 해야 한다고 본다. 결론부터 거칠게 말하자면 민주주의는 "사회적 존재인 인간이 정치 공동체를 운영함에 있어 자기 결정권을 갖는 것"을 의미하는데, 이를 괴테의 표현을 빌면 "인민의 자기 통치"라고 하겠다. 그러나 역사적으로 전개된 구체적인 양태를 보면, 그 운영의 효율성을 위해 먼저 몽테스키외의 구상대로 법치주의(국민주권주의에 근거한 권력 통제)와 대의제(삼권분립)를 채택하였으나, 이는 결국 인민의 자기 통치라기보다는 인민의 '대의자에 의한' 통치라는 한계를 가진다.

원래 민주주의의 어원은 그리스어의 'demokratia'에서 비롯한다. 'demo'(민)와 'kratos'(지배)의 두 낱말이 합쳐진 것으로서 우리말로 '민의 지배'를 의미한다. 여기서 demos는 단순히 '다중, 군중'으로 해석할 수도 있으나, 당대의 정치 체제에 따라 주권자의 범주를 달리 하므로 '인민, 시민, 국민' 등 다양하게 해석할 수 있다. 예컨대 주권자를 노동자, 농민 등 기층 근로대중을 중심으로 삼은 정치 체제에서는 '인민', 국가권력에 대한 비판적 견제와 감시를 기초로 일정한 자격을 갖춘 사람을 사회계약에 의해 주권자로 설정한 정치 체제에서는 '시민', 시민을 국민국가에 의한 호명으로 바꾼 '국민' 등이 그것이라 할 수 있다.

'국민'은 사회 체제의 호명이라기보다는 국가 체제의 호명이기에 '국민'으로 호명되는 순간, 국가에 대한 시민적 비판성, 저항성이 지워지고 만다. 그래서 '국민교육'이 아니라 '시민교육'이라고 하는 것이다. 그 시민성을 담보하기 위해 직접·보통선거, 복수정당제, 대의제에 의한 위임 통치, 자유주의(능력주의), 권력분립과 법치주의 등을 제도적으로 마련한 것이 국민국가의 시민민주주의 체제라고 할 수 있다. 근대 시민혁명에 의해 확립된 오늘날의 정치 체제를 시민민주주의 체제라고 한다면, 시민은 국가 안에서, 국가에 대하여, 주권자로서의 위상과 권한을 정치적으로 확보한 민의 집합체라고 할 수 있다.

따라서 민주시민교육은 국가권력에 대한 견제와 감시를 위해 비판성, 저항성을 잃지 않도록 시민적 역량을 함양하는 교육이다. 오늘날 시민민주주의 체제는 국가의 정체성을 민주공화국으로 삼고 있는데, 이는 주권재민(헌법 제1조 제2항, "대한민국의 주권은 국민에게 있고, 모든 권력은 국민으로부터 나온다")이라는 '민주주의'의 핵심 정체성과 공공성(헌법 제1조 제1항 "대한민국은 민주공화국이다") 우선이라는 '공화주의'라는 두 축을 중심으로 형성되었음을 선언하고 있다. 이는 대한민국이 민주주의와 공화주의의 조화롭고 균형 있는 발전을 꾀하고 있음을 나타낸다.

그런데 민주주의가 공화주의를 소홀히 하면 포퓰리즘으로 치닫기 십상이고, 반대로 공화주의가 민주주의를 소홀히 하면 독재와 권위주의로 빠질 개연성이 높아진다. 민주시민교육은 일차적으로 포퓰리즘과 같은 다중 독재를 막고 동시에 독재와 같은 권위주의를 배격할 수 있는 민주공화국의 주권자로서의 시민 역량을 키우는 과정이라 할 수 있다.

그렇다면 민주공화국의 시민적 역량을 키워서 무엇을 실현하고자 하는 것일까. 물론 민주주의와 공화주의의 항구적인 발전과 번영일 것이다. 그래야 모든 사람이 존엄성을 인정받고 보장되는 삶을 영위할 수 있기 때문이다. 그러나 민주주의도

공화주의도 어떤 가치를 실현하기 위한 방법과 수단일 뿐이지, 그 자체가 목적은 아닐 것이다. 우리 헌법은 전문에 이어 기본 권의 목록을 먼저 제시하고 그 뒤에 권력 구조를 정하고 있다. 이는 기본권이 우선이고, 그것을 실현하기 위한 수단과 방법으로 권력 구조, 즉 권력의 분립과 상호 견제라는 제도를 취하고 있다는 의미이다. 결국 민주공화국의 핵심 사명은 인권 보장이고, 이를 실현하기 위한 방법과 수단으로 민주주의와 공화주의를 소환한 것임을 알 수 있다. 목적이 없는 수단과 방법이 있을 수 없다. 또 목적의 실현을 위해 수단과 방법은 얼마든지 바꿀 수 있다. 대통령중심제냐 내각제냐, 임기를 몇 년으로 할 것이냐, 어떤 헌법기관을 둘 것이냐 등에 관한 모든 것(이른바 권력 구조)은 결국 인권의 실현을 위한 방법인 것이다. 따라서 민주시민교육이 인권의 가치에 기반하여, 동시에 인권의 가치를 지향하지 않는다면, 그저 가치 지향 없는 정치교육에 불과해지고 만다. 민주시민교육이 반드시 인권에 기반해야 하는 이유이다. 민주공화국의 존립 목적은 인권의 실현에 있다는 명제는 이미 5백여 년 전 계몽주의자들이 근대 국민국가를 기획하면서 설계한 사회계약론의 핵심이기도 하다.

마침 교육기본법이나 초중등교육법을 보아도 우리 교육의 이념을 '홍익인간'이라고 정하고 교육의 목적을 '민주시민의 양성'이라고 정하고 있다. 민주시민은 앞에서 언급하였으니 더이상 부연할 필요가 없겠다. 그러나 홍익인간이란 무엇일까? 알다시피 그것은 전인교육을 통해 널리 세상에 이로운 존재로 성장하는 것을 말한다. 전인교육이란 지·덕·체를 갖추도록 하는 것인데, 여기서 지식(지)과 건강(체)은 궁극적으로 어진 인간(덕)의 실현이라는 가치를 실현하기 위한 방법이다. 유교의 덕이란 곧 인仁이며, 이는 기독교의 사랑, 성리학에서 말하는 측은지심, 불교의 자비, 마사 누스바움이나 아마티아 센이 말하는 공감 역량, 아담 스미스가 얘기한 sympathy와 한 치도 다름이 없다. 이것을 인권에서는 박애(자유와 평등에 기반한)의 실현이라고 한다. 따라서 민주시민교육은 인권 실현을 위한 민주주의 훈련이라고 정리할 수 있겠다.

## 세미나 참고 자료

의안정보시스템, 「인권교육지원법안」(정성호 의원 등 20인). 〈http://likms.assembly.go.kr/bill/billDetail.do?billId=PRC_ Z1H8O0V8W2U4U1J8Y1Y4W3P3O5T8C0〉

의안정보시스템, 「학교민주시민교육법안」(박찬대 의원 등 12인). 〈http://likms.assembly.go.kr/bill/billDetail. do?billId=PRC_A2X0H0L7K1D6J1O6X5T9O1C5J3Y1Z7〉

# 인권영향평가란 무엇인가

영어로 평가는 assessment와 evaluation으로 나눌 수 있다. 전자가 절차와 과정 중심이라면, 후자는 결과와 성과 중심 평가가 되겠다. 국제사회에서 인권영향평가Human Rights Impact Assessment, HRIA는 물론, 환경영향평가나 젠더(성별)영향평가에서 모두 assessment라는 단어를 쓴다. 무슨 차이가 있을까. 과정과 절차에 중심을 둔다는 것은, 이 평가가 외부 개입, 즉 전문가에 의한 일시적·계몽적 임팩트에 기대기보다는, 관련 주체의 역량 증진에 목적을 둔다는 것을 가리킨다. 이때 평가는 줄 세우기, 순위 매기기가 아닌 교육·훈련의 의미를 지니고, 결국 이를 통해 당사자의 역량 증진을 꾀하는 것이다. 대상화된 경쟁적 평가가 아니라 주체의 역량 증진적 평가인 셈이다. 이로써 평가도 교육·훈련의 맥락에서 자리 잡을 수 있게 된다.

따라서 평가 과정에 관련 당사자를 주체로 설정하는 것은 매우 중요하다. 이를테면 지자체가 어떤 사업에 대해 인권영향평가를 한다면, 당해 사업 관련 공무원을 평가의 대상으로 삼는 게 아니라, 평가의 주체로 초대해서 스스로 평가하도록 하는 것이다. 평가의 기준은 무엇으로 할지, 절차는 어떻게 할지, 설계는 어떻게 할 것인지, 환류는 어떻게 할지 등등 공무원이 스스로 이런 논의와 사유를 함께 함으로써 인권 역량을 증진토록 하는 것이다. 이 과정을 통해, 더딜지언정 주체의 역량만큼 한 걸음 한 걸음씩 나아가는 것이다. 인권영향평가에서 전문가는 조력의 역할을 수행한다. 실태 조사라든가 국내외 관련 자료의 소개 등 인권영향평가의 기초가 될 수 있는 자료를 분석하고 제공하는 일은 전문가가 수행할 수 있다. 자칫 평가의 객관성 확보라는 '수단적 가치'를 지나치게 의식한 나머지 정작 목적성을 상실한 채 외부 전문가 주도로 평가가 이뤄지고 공무원을 피평가자로 삼는 순간, 인권영향평가의 큰 기둥은 무너진다.

인권에 '압축적 고도성장'이나 '대박'은 없다. 자기 주도형 역량 증진이야말로 인권의 가치에 부합한다. 시행착오를 통해 배우는 게 더 값지게 평가되어야 한다. 자기 주도형 역량의 증진은, 무엇이 문제인지, 어떤 착오가 있었는지, 어떤 부족함이 있었는지를 스스로 깨닫는 것으로부터 시작한다. 공무원은 민을 지도 편달하는 계도자가 아니라, 민을 대리하여, 민과 함께, 민의 문제를 풀어 가는 공적 담임자이기에 더욱 이러한 성찰적 과정이 필수적으로 요구된다. 사실 시험도 우열 가리기나 순위 매기기, 심지어 탈락을 목적으로 치르는 게 아니라, 교육의 연장선상에서 역량 증진을 위해 시행하는 것 아닌가. 요컨대 인권영향평가의 핵심적 목표는 프로모션에 있다. 지자체의 단체장은 인권영향평가에 대한 관련 공무원의 두려움이나 저항감을 해소하기 위해 다양한 유인책을 제공하여야 한다. 공직 사회에 인권영향평가가 자발적으로 스며들도록 인권영향평가 대상 사업으로 선정된 부서에, 조직적으로는 인력과 예산을, 개별적으로는 승진 가점이나 보직 우선권 등의 인센티브를 제공하는 방안들을 고려해야 한다. 이래야 지자체 행정에서 인권의 주류화, 지속 가능성이 확보된다.

유치원 때부터 평생을 수단 방법 가리지 않고 오로지 목적과 성과로 성적을 가늠해 온 우리로선 참으로 낯선 개념이 아닐 수 없다. 게다가 사회의 전 분야가 신자유주의적 경쟁 체제로 전환되어 공공 부문마저 성과 관리 체제에 포획된 마당에 이런 접근 방식은 어림없게 느껴지기 십상이다. 그래서 말로는 assessment라고 쓰고 그 내용은 여전히 evaluation으로 채우는 일들이 다반사로 벌어진다. 심지어 그게 무슨 평가냐고 의문을 제기하기까지 한다. 무릇 평가라면 점수로 딱 나오고 우열이 분명하게 가려져야 하는 것 아니냐고 여긴다. 그러나 평가를 위한 평가, 심지어 평가를 위해 스스로 포박된 평가는 왜곡을 넘어 거꾸로 선 것이다. 스탈린 시대에, 기준 연도의 목표를 초과 달성하는 순간, 차기 연도에는 그 이상의 성과를 내야만 하는 딜레마에 빠지게 되고, 이로 인해 온갖 수치로 허위와 왜곡이 난무하고 말았던 사례를 상기할 필요가 있다. "도대체 인권영향평가는 왜 하는가" 하는 근본적인 되물음이 있어야 한다.

얼마 전부터 기업과 인권 영역에서, 그리고 많은 지자체에서 인권영향평가를 하겠다고 팔 걷어붙이고 나서고 있다. 바람직한 일이다. 그러나 인권영향평가가 마냥 성과 관리, 결과 측정, 목표 지향, 외부적 임팩트에 의존하는 기존의 평가 관행을 벗어나지 못하는 한, assessment가 아니라 evaluation으로 시행되는 한, 인권의 확산과 주류화는커녕 또 하나의 신자유주의적 경쟁의 올가미를 뒤집어씌우는 꼴을 벗어나지 못할 것이다. 가장 반인권적으로.

## 세미나 참고 자료

 경기도, 자치 법규 인권영향평가 실시.
설석용, "道, '인권영향가제도' 내년 도입 방침…도내 자치 법규 등 점검 실시", KFM 경기방송, 2019. 7. 31. 〈http://www.kfm.co.kr/?r=home&m=blog&blog=news&front=list&uid=9343613&cat=32〉

 서울특별시, "인권영향평가에 따른 서울시 자치 법규 개정에 대한 서울특별시 인권위원회 권고". 〈https://news.seoul.go.kr/gov/files/2020/04/5e8c02ea8c29e0.81293681.pdf〉

 서울특별시, "인권영향평가에 따른 서울시 지침·편람 개정에 대한 서울특별시 인권위원회 권고".
〈https://news.seoul.go.kr/gov/files/2021/03/605446c30452a7.87532872.pdf〉

# 적폐 청산, 인권위도 예외가 아니다

문재인 정권 출범 초기 대통령의 국가인권위원회 위상 강화 발언에 이어, 국정기획자문위원회가 국가인권위로부터 업무 보고를 받았다. 그런데 정부조직법상 중앙행정부처에 속하지도 않고, '입법·사법·행정 어디에도 속하지 않는 독립적인 국가기구'를 자임하고 있는 국가인권위의 업무 보고도 당연한 일일까.

2003년 노무현 정부 출범을 앞두고 대통령직인수위원회는 국가인권위에 업무 보고를 요구했다. 이에 국가인권위는 독립 기관으로서 인수위 업무 보고 대상 기관이 아니지만, 필요하다면 업무 협의에는 응할 수 있다는 입장을 내놨다. 요컨대 독립기관이니 '협의'라면 모를까 '보고'는 할 수 없다는 것이었다. 논란 끝에 인수위는 이를 수용했고 결국 '업무 협의'로 명칭이

조정됐다. 국가인권위의 일원으로 이 협의에 참여했던 나는 당시 인수위의 박범계 간사위원이 모두 발언을 통해 "우리가 미처 독립기관에 대한 이해가 없어 보고를 요구했다. 양해를 구한다"며 정중히 사과하던 모습이 아직도 기억에 생생하다. '보고'와 '협의'의 차이. 보기에 따라서는 사소해 보일 수 있는 이 문제는, 국가인권위의 생명줄이라 할 만한 '권위'와 '독립성'을 여러모로 상징한다.

국가인권위의 위상 강화는 대통령이나 권력으로부터 주어지는 게 아니라, 국민의 신뢰를 바탕으로 독립성에 대한 위원회 스스로의 각별한 긴장과 노력에 의해 확보되는 것이다. 독립성이 전제되지 않은 위상 강화란 한낱 관료 조직의 비대화 이상도 이하도 아니다. 이명박·박근혜 정부가 거의 10여 년에 이르도록 인권 유린과 국정 농단을 다반사로 자행하던 때에 국가인권위가 이 같은 공권력 오남용 사태에 대해 쓴소리를 마다하지 않았다는 기억이 유감스럽게도 나에게는 전혀 없다.

그동안 국가인권위가 제 역할을 못 한다는 비판이 줄곧 제기돼 왔다. 국가인권위가 권력 앞에 위축돼 국민으로부터 부여받은 사명에 충실하지 못했다면, 더 나아가 국민의 인권 보장 기구로서의 자기 정체성을 스스로 부정하고, 그저 그렇고 그런 관료 기구의 하나로 전락하고 말았다면, 이는 헌법기구화가 아니라 그 이상의 조치를 취한들 공염불에 그치고 말 것이 명확하다.

무력화된 국가인권위에서 '자발적 방출'을 선택한 나는, 당시 정권이 바뀌자마자 내부에서 "종북 좌파가 장악해 온 국가인권위의 좌편향을 청산하고 순수 공무원을 중심으로 조직을 정상화함으로써 명실공히 국가 공조직으로 다시 태어나야 한다"는 주장이 거침없이 터져 나오는 데에 경악하고, 좌절했다. 그 무렵 청와대는 국가인권위 사무총장에게 내 이름 석 자가 포함된 이른바 '블랙리스트'를 전달하기까지 했다. 사명감과 헌신성을 가졌던 인권위원과 직원들 가운데 일부는 떠나고, 일부는 쫓겨났으며, 일부 남겨진 이들은 숱한 모멸을 견뎌야 했다. 대신 혐오와 반인권을 공공연하게 내세우는 자들로 그 자리가 차곡차곡 채워졌다. 그렇게 국가인권위는 적지 않은 세월 동안 권력과 밀월의 시기를 보냈다. 그야말로 감시견의 애완견으로의 전락, 그 자체였다.

국가인권위의 위상 강화도 좋고 헌법기구화도 좋다. 그러나 이 모든 것의 출발점은 굴곡진 과거에 대한 통렬한 성찰이어야 한다. 국가인권위는 진정한 위상 강화를 위해서라도, 오욕의 시기에 대한 통렬한 자기반성이 있어야 한다. 우선 그 질서의 연속선상에 있는 위원장과 사무총장만큼은 자리에서 물러나는 게 국민에 대한 최소한의 도리다. 이명박·박근혜 정권 시기 국가인권위는 존재감이 없었다. 국민의 인권이 탄압받고 무시당할 때 제 역할을 하지 못한 책임을 최소한 위원장과 사무총장이 져야 마땅하지 않겠나. 그리고 어디서부터, 무엇이, 어떻게 엇나갔는지를 명명백백하게 밝히고 오욕의 역사를 되풀이하지 않겠다는 결의를 담아 '성찰과 혁신 보고서'를 국민 앞에 내놔야 한다. 그 보고서의 표지에는 "위상 강화의 도구가 독립성이 아니라 독립성의 도구가 위상 강화"라는 문구가 박혀야 한다. 적폐 청산에 국가인권위라고 예외일 수 없다.

## 세미나 참고 자료

김현·서미선, "문 대통령, 국가인권위 특별 업무 보고 받아… 5년 9개월 만(상보)", 뉴스1코리아, 2017. 12. 7.
〈https://www.news1.kr/articles/?3174161〉

정희완, "인권위 내부 혁신 TF 보고서 입수 '인권위원장 등 간부들 의도적 방기로 제 역할 못 해'", 경향신문, 2017. 11. 6.
〈http://news.khan.co.kr/kh_news/khan_art_view.html?art id=201711061434001&code=940100#csidx3edbe1cbb3 324c2989071068491b994〉

# '조폭 국가'의 곳간 타령

당신에게 1억 원을 빌렸다. 빌렸다고는 하지만 갈취했다고 하는 게 솔직하겠다. 왜? 돌려줄 생각이 없으니까. 당신의 그 돈, 1억 원이 어떤 돈인가. 일찍이 청계천 미싱 시다, 철야를 밥 먹듯 했던 구로공단 음향 공장, 40도를 오르내리던 중동 사막에서의 건설 노동, 야근과 특근으로 내달렸던 비정규직 용접공, 염소 가스 마셔 가며 목숨 걸고 작업했던 지하 냉동기계 보수 등등을 전전하며 당신이 죽기 살기로 모은 전 재산, 전세 보증금 5,000만 원에, 따로 사채 5,000만 원을 더한 돈이다. 왜 빚까지 내서 빌려줬을까. 이자를 후히 준다는 나의 공갈에 혹한 측면이 없지 않지만, 사실 내가 조폭이어서 달리 응하지 않을 방도도 없었을 것이다. 응하지 않으면? 장담컨대 인생이 심각하게 고달파진다. 나는 행세 좀 한다는 이 나라 권력자들과 형님 아우 하는 한 식구로, 맘만 먹으면 당신 하나 쪽박 차게 만드는 것쯤은 일도 아니다. 나는 수틀리면 종종 완력도 동원한다. 달리 조폭인가? 물론 채무자인 나를 '을'로, 채권자인 당신을 '갑'으로 해서 빌린 돈을 언제까지 갚겠다는 차용증까지 작성해서 공증도 했다. 그런데 상환 기일을 한참 넘긴 이제까지 나는 빚을 갚지 않고 있다. 비록 말로는 늘 조금 더 기다리라고 하지만, 내 금고가 차고 넘쳐 주체 못 할 지경이 된다면(그런 날이 올지 모르겠지만), 그때 가서 다시 생각해 볼 수는 있겠다. 하지만 나는 지금 채무상환은커녕, 먼저 내가 넉넉해야 빚도 돌려받을 수 있을 테니 당신에게 돈 더 내놓으라고 때론 어르고, 때론 윽박지르고 있다. 당신이 심각한 생계난과 전세난, 가계 부채, 게다가 대책 없는 노후 대책에 실의한 나머지 자살 직전인들, 하등 내 알 바 아니다.

이제 번거롭지만 '당신의 채권'을 '국민 기본권'으로, '나의 채무'를 '국가 의무'로, '공증한 차용증'을 '헌법'으로, '완력'을 '공권력'으로, '금고'를 '국가 재정'으로 각각 바꿔 이 글을 다시 읽어 보자. 너무 심한 야유일까? 헌법은 국민을 '갑'으로, 국가를 '을'로 해서 권리와 의무의 관계를 규정한 계약서이다. '을'은 '갑'의 생명과 재산, 나아가 행복하고 존엄한 삶을 보장할 의무를 진다. 이미 수백 년 전 확립된 국가의 존립 근거이다. 국가는 주권자인 국민에 대해 소극적 권리인 자유권뿐만 아니라 적극적 권리인 사회권도 보장할 의무를 진다. 우리 헌법 제34조에도 "국가는 사회보장·사회복지의 증진에 노력"한다고만 하지 않고, "의무를 진다"고까지 했다. 모름지기 의무란 '사정이되면 하고, 안 되면 말고'가 아니다. 채무자가 빚을 갚고 싶으면갚고, 말고 싶으면 마는 것인가?

이제 "국가 재정 형편에 따라 복지 수준을 정해야 한다"는 말은 "복지를 실현하기 위해 국가 재정을 어떻게 확보할 것인가"라는 말로 수정되어야 한다. 그런데도 복지를 둘러싸고 늘 귀신처럼 따라붙는 해괴한 논리가 있다. 재정이 확보되어야 복지도 가능하다는 것이다. 언뜻 그럴듯하게 들린다. 유사한 말로 "먼저 파이를 키워야 나눠 먹을 것도 생긴다"가 있겠다. 그러나이따위 거짓말에 우린 그동안 얼마나 기만당해 왔나. 우리네삶이 이토록 피폐해진 게 과연 복지 과잉 때문이었나. 저들은글로벌 금융 위기가 촉발시킨 남유럽의 경제 위기도 다 복지병때문이라고 둘러댄다. 거짓말을 넘어 아예 선동을 한다. 둘러보시라. 파이는 세계 10위권으로 커졌으되, 커진 건 재벌 호주머니와 내 빚, 그리고 절망뿐이다. 챙기는 자 따로, 허리띠 졸라매고 인내하는 자 따로 아닌가. 나라 곳간이 차고 넘칠 때까지?

그놈의 곳간 언제나 차고 넘치겠나. 그때가 과연 오기나 하는 걸까.

최근 새삼스레 '선별'과 '보편'을 둘러싸고 다시 논쟁이 벌어지고 있다. 입으로는 '뉴 노멀'을 외치지만 생각과 행동은 여전히 '이제까지와 같은 방식'을 고집하는 자들이 있다. 분명한 것은 이제까지와 같은 방식으로는 더 이상 지속 가능하지 않다는 것이다. 물론 어떤 정책도 100퍼센트 완전할 수는 없다. 그러나 우리는 이제까지 '선성장 후분배'에 속고, '낙수효과'에 속고, '생산적 복지'에 속고, '지디피'에 속고, '경제성장률'에 속고, '맞춤형 복지'와 '선택적 복지'에 속아 왔다. 그런데도 그 숱한 세월 동안 그 '선별된 가난'은 여전히 가난을 면치 못하고 있고 가난은 더욱 가난으로 곤두박질쳤을 뿐 오히려 사회 양극화의 골은 돌이킬 수 없는 지경으로 깊어졌다. 이제 그 '선별'이라는 '상투적 공갈'에 넌덜머리가 날 지경이다.

혐오 세력들이 인권의 이름으로 인권을 부정하고 파괴하듯이, 가난한 사람들을 팔아 부자의 호주머니를 채우려는 자들이 여전히 '선별'의 공정성과 정의로움을 외치며 공익의 대변자를 자처하고 있다. 대체 무엇을 위한 선별인가. 누가 너희에게 선별의 권한을 위임했는가. 그 선별로 무엇이 누가 얼마나 개선되었는가. 선별을 지지하면 5년 후나 10년 후, '헬조선'이라고 냉소하는 이 치명적인 양극화의 골이 메워지겠는가. '선별'의 파산을 몸소 보여 준 오세훈은 심판받았지만, 그와 유사한 아바타들이 문제인 정부 안에서도, 집권 여당 안에서도 활개를 치며 상투적 공갈을 일삼고 있다. 나는 가난하지만 너희들의 선심으로 '선별'되어 양푼에 찔끔 동냥밥이나 빌어먹을 생각이 추호도 없다. 너희들 눈엔 한낱 불쌍한 거지로 보일지언정, 나는 너희들의 주인이자 이 나라의 주권자다. 그러므로 당당히 나의 것을 요구한다. '시민 배당'을 실시하라!

## 세미나 참고 자료

하승수(2015), 『나는 국가로부터 배당받을 권리가 있다』, 한티재.
한티재 온라인 책창고, <https://hantijae-bookstore.com/book=46>

# 미투 운동과 인권 혁명

『아주 작은 차이』라는 제목의 책이 있다. 독일 페미니즘 잡지 『엠마』의 창간자 알리스 슈바르처가 여성 13명과 인터뷰한 내용을 담은 것이다. 유럽 68혁명의 사상적 진지 역할을 했던 프랑크푸르트학파. 그중에 이름만 대면 알 만한 한 비판이론가의 아내는 인터뷰에서 자신이 일상적으로 남편으로부터 구타를 당해 왔다는 사실을 토로한다. 오래전 이 책을 읽을 당시 나는 가정 폭력을 '젠더 관점'에서 이해하지 못하고, 그저 '폭력의 관점'에서만 봤던 것 같다. 소통을 그렇게 역설하는 진보적인 사상가가 제 아내조차 말로 설득을 못 해?

68혁명 당시 파리에서 바리케이드를 쌓고 치열한 시가전이 벌어지고 있을 때, 운동의 지도부 안에서 성폭력이 다반사로 일어났다. 이 문제를 놓고 "적들과 대치 중인 엄중한 마당에 '사소하고 개인적인' 일을, 무엇보다 '운동의 대의를 훼손하는', 그래서 '전선을 흩트리는' 공론화를 꼭 해야겠냐?"며 은폐하고 묵살하려는 (남성)지도부에 항의하며 페미니즘 진영은 68운동 본류에서 이탈한다. 이 문제를 처음 알았을 때 역시 한심하게도, 안에서 서로 조율 좀 잘 하지, 누구 좋으라고 서로 싸워! 했다.

대한민국 새천년 벽두에 '여성 100인 위원회'(정확히는 '운동사회 성폭력 뿌리 뽑기 100인 위원회')는 소위 운동권 내 성폭력 가해자 16명의 명단을 실명 공개하였다. 아마도 '피해자 중심주의'라는 용어도 이때부터 쓰이기 시작했을 것이다. 난리가 났음은 물론이다. 이때도 나는 멍청하게도, 운동권도 다를 바 없네, 하면서도 억울한 이가 있겠거니 했다.

최근 봇물처럼 터져 나오고 있는 '미투 운동'은 우리 사회의 민낯을 낱낱이 폭로한다. 남성들은 오해 없으시길 바란다. 미투 운동의 표적은 남성이 아니다. '펜스 룰' 따위의 대응은 바로 이 지점을 오인한 데서 비롯된 것이다. 표적은 남성 중심적인 권력 구조, 즉 기존의 차별적 권력관계이다. 성욕이 성기가 아닌 머리에서 비롯되는 것처럼, 성폭력은 성적 본능이 아닌, 지배와 피지배라는 성적 위계에서 발생한다.

미투 운동은 일정한 재산(사회적 신분)을 가진 성년(나이)의 유럽(출신 지역) 백인(인종) 남성(성)만을 시민으로 간주했던 존 로크 식의 차별을 이제는 철폐하라고 요구한다.

촛불 시민운동이 헌정 질서를 회복해 체제를 원상 복구한 것이라면, 미투 운동은 체제 안에 잠복한 차별을 폭로하고 그 자체를 변혁하려는 움직임이다. 그래서 미투 운동은 21세기형 인권 혁명이다. 동서고금을 막론하고 체제의 극복은 합법과 상식의 틀 내에서 얌전하게 실현된 적이 없다. 그럴 일이었으면 벌써 악습으로부터 벗어나고도 남았을 것이다. 생활 습성으로 뼛속까지 스며든 기존 관행에 쐐기를 박는 일이니, 어쩌면 매우 불편하고 못마땅하며 때론 고통스런 상황까지 감수해야 할지도 모른다. 도매금에 매도되는 억울한 사연도 있을 것이다. 그러나 차별의 역사에 종지부를 찍는 데는 일정한 대가를 치러야 한다. 그게 이제껏 숨죽여 희생되어 온 다른 한편의 인간에 대한, 우리 모두가 취해야 할 최소한의 예의다.

## 세미나 참고 자료

 알리스 슈바르처(2001), 『아주 작은 차이』, 김재희 옮김, 이프.
문화미래 이프.〈http://www.onlineif.com/journalIf/booksView.php?page=17〉

 김윤은미, "여성 착취하는 진보는 필요 없다", 일다, 2003. 10. 19. 〈https://www.ildaro.com/810〉

# 시민권과 민주적 거버넌스

모든 인간은 존엄한가? 이 물음에 과연 오늘의 시민권은 뭐라 답할까. '그렇다'라는 답을 기대할 수는 없을 것 같다. 국민국가 는 시민권을 내세워 '모든 사람'이 아닌, '국적을 가진 사람'(시민권자, 자국민)에 한해서 존엄성을 인정한다(난민과 이주민을 대하는 태도를 보라). 인권이 시민권에 머무는 한 '모든 사람'이라는 형용은 거짓에 불과하다. 게다가 국가는 경계와 구획을 기준으로 대내적으로는 통합을, 대외적으로는 배제를 의도적으로 조장한다. 국가가 그어 놓은 경계 안으로 들어가려면, 즉 사회 공동체의 일원이 되려면 먼저 국가로부터 인증을 받아야 한다. 주권자는 아무나 되는 게 아니다. '인간'이기에 앞서 '국민'이, 그것도 '모범 국민'이 되어야 한다. 본디 사회가 필요에 의해 국가를 호출했음에도 불구하고, 이제 국가가 사회를 지배하고 통제한다. 사회의 구성원으로서가 아니라 국가의 성원으로서 존재하게 되었다. 이렇다 보니 (시민)사회의 다원성과 자율성은 물론이거니와 개인의 자유마저도 국가 통치 행위의 한계 내에서만 보장되기 일쑤다.

그렇다고 입만 열면 '작은 정부'를 외치는 (신)자유주의가 대안일까? 독점이 문제인데, 정작 독점은 해소하지 않고 독점의 주인만을 국가에서 시장(자본)으로 바꾼다? 국가가 인권 실현을 위한 공공적 책무를 백안시하고 경쟁과 효율을 내세워 시장 논리만을 좇다 보면, 그 해악은 결국 사회 공동체의 해체로 귀결된다. 우리는 이미 공공성보다 사유화(민영화)를 앞세운 탓에, 기울어진 운동장, 적자생존의 아수라를 온몸으로 겪고 있다. 평등을 저버린 자유란 그 자체로 어불성설이지만, 그런 것이 있다 해도 그것은 약육강식의 아수라를 의미할 뿐이다. 약자와 소수자의 존엄성을 외면하는 곳은 사람 사는 세상이 아니다.

특정인과 특정 세력의 통치 독점을 막기 위해 다양한 민주주의의 원리가 계발되어 왔다. 최근 중앙정부와 지자체가 공히 협치governance를 내세우는 것도 이런 맥락일 것이다. 협치란 통치와 지배를 뜻하는 전통적 국가 작용으로서의 통치government

를 대체하는 개념이다. 기존 국가 작용에 관료적 독점을 지양하고 시민사회의 참여를 통해 민주주의를 제고하자는 취지이다. 그런데 언제부턴가 '정치세력 간의 야합'을 협치라고 둘러대는가 하면, 통치의 하청업자로 전락한 알리바이성 협치, 즉 말로만의 거버넌스를 협치라고 여기는 일이 다반사로 벌어지고 있다. 기가 찰 노릇이다.

협치는 시민사회의 참여와 권력 분할을 통해 국가의 통치 독점을 지양한다. 통치의 주체를 국가 또는 시장으로부터 (시민)사회로 되돌리는 것, 이것이 협치를 하는 이유이다. 국가의 통치 독점이 해소되는 만큼 (시민)사회의 역동이 되살아난다. 자치와 분권의 실현도 단지 중앙권력을 지자체로 넘기는 것을 넘어, 통치 영역에 시민사회를 초대할 때 비로소 가능해진다. 시민 통치가 정상화되면 시민권의 지평도 넓혀진다. 더 급진적으로 말하자면, 통치의 궁극적 대체 개념은 협치가 아니라 '자치' self government이다. "모든 정부 가운데 최상의 정부는 우리에게 자치를 가르쳐 주는 정부다." 요한 볼프강 괴테의 말이다.

## 세미나 참고 자료

 위키백과, "거버넌스",
〈https://ko.wikipedia.org/wiki/거버넌스〉

 김형완(2019), 『인권과 민주주의』, 인권정책연구소.
인권정책연구소, 〈http://www.humanpolicy.com/인권과-
민주주의/〉

# 혐오와 도덕적 착란

모르는 건 죄가 아니라지만, 무지無知야말로 폭력의 진앙지가 될 수 있음에 유의할 필요가 있다. 먹고살기 급급한데 이웃의 형편을 살필 여력이 생길 리 없다. 살벌한 경쟁과 성과에 쫓기는 능력주의 사회에서는 오직 고립된 '나'만 있을 뿐, 이웃이 자리할 곳은 어디에도 없다. 타자에 대한 무관심은 무지를 수반하게 마련이다. 무지는 편견과 오해의 요람이다. 편견과 오해가 내면의 불안과 공포와 결합하면 다른 것, 낯선 것, 싫은 것은 부정한 것, 틀린 것, 잘못된 것으로 쉽게 전환된다. 가짜 뉴스가 발호하고 혐오가 싹트는 배경이다.

혐오는 대개 증오와 경멸로 표출된다. 쇼펜하우어는 "증오는 가슴에서 나오고, 경멸은 머리에서 나온다"고 했다. 증오가 선험적 도덕 감정의 발현이라면, 경멸은 사회적으로 학습된 것이라는 말이겠다. 권력관계 속에서 증오와 경멸의 발화 방향은 서로 다른 쪽을 향한다. 증오는 강자를 향하는 데 반해, 경멸은 약자를 향한다. 증오는 경멸보다 더 공격적으로 표출되며 그 적대성은 대상의 부정, 소멸, 제거로까지 나아간다. 게다가 경멸은 도덕 감정으로 인해 그 발현에 주저躊躇가 있게 되는 반면, 증오는 오히려 그 도덕 감정으로 정당화된다.

신자유주의 시대에는 경쟁에 지친 나머지 누구나 신경증적인 증세를 보인다. 건드리기만 하면 폭발한다. 계층 상승의 가능성이 봉쇄되고 미래에 대한 희망을 상실할수록 누적되는 하층민의 우울증과 피해 의식은 엉뚱하게도 기득권층이 아니라, 사회적 약자를 향해 날을 세운다. 사회적 스트레스를 약자 공격으로 배설하는 것이다. 여기에 현실에서 실현 불가능한 성공 신화를 내면화함으로써 '성공한 자', 또는 기득권층을 상상으로나마 자기 동일화하게 되면 그 양상은 더 격렬해진다. 그래서 양극화 사회에서 개인의 사회적 존재 양태는 '열등감' 또는 '우월감'으로 나타날 뿐이다. 열등감은 추격적 경쟁에 탈락한 사람들의 존재 양태이고, 우월감은 경쟁 과잉으로 인한 자기 소진의 존재 양태이다. 강자의 갑질이든 약자의 무력감이든 소외된 삶이긴 매일반이다.

이제 소외된 제 삶의 탈출구는 약자에 대한 도덕적 규탄과 공격에서 찾아진다. 약자에 대한 증오가 정당화되면서 사회적 약자 괴롭힘에 따르는 도덕적 망설임, 멈칫거림이 말끔히 소거됨은 물론, 한층 집요하고 공격적인 양상을 띠게 된다. 약자 때문에 정의가 무너진다고 여긴다. 가해자는 당당하며 억울해 하고, 피해자가 염치없고 죄송한 형국이 벌어진다. 피해자가 문제 유발자가 되면서 '피해자 유책론'이 등장한다. 성장주의와 능력주의, 추격주의에 의해 가속화되는 양극화는 정의를 향한 우리의 도덕 감정마저 착란을 불러일으켜 약자를 규탄하고 강자를 두둔하게 한다. 나는 이러한 도덕적 파산이 아이러니하게도 우리가 그동안 신봉해 온 '근대성'의 귀결이라고 본다. "일하지 않는 자, 먹지도 마라."

소설가 구효서는 말한다. "우리는 오랫동안 비극이 아닌 것을 추구해 왔습니다. 논리에 맞고 합리적이며, 삶의 에너지를 고양시키는 것들만을 긍정적이라 생각했죠. 그러한 근대성이 이뤄 온 역기능과 폐해를 치유하는 과정에서 비극의 발견이 있습니다."

## 세미나 참고 자료

 서울대학교 인권센터·혐오표현연구모임(2016), 『혐오 표현의 실태와 대책』, 서울대학교 인권센터.
〈https://hrc.snu.ac.kr/board/academic_material/view/30〉

# 새로운 사회계약을 준비하자

20여 년 전 독일에서 생활을 시작하며 처음 낯설게 각인됐던 풍경은 저녁 6시경이면 벌써 거리에 나다니는 사람이 거의 없고 동네 가게까지 죄다 문을 닫는 것이었다. 거리가 고요하다 못해 적막했다. 간혹 일부 맥줏집이 문을 열었지만 이마저도 9시, 늦어도 10시경이면 문을 닫았다. 대체 이 사람들은 퇴근 후 어디 가고, 뭘 하나 궁금했다. 선배 유학생으로부터 듣기론, 집에서 정원을 가꾸는 사람들이 많다는 것이었다. 한국식 '밤문화'에 익숙했던 나는 이렇게 밋밋한 생활에 적응하느라 한동안 애를 먹기도 했다.

그러나 그 적막하고 무료할 정도로 밋밋했던 일상이야말로 노동시간의 규제, 저녁이 있는 삶, 일과 삶의 균형을 가능하게 하는 '보이지 않는 환경'이었음을 뒤늦게 깨달았다. 그네들이라고 밤늦도록 영업하면 한 푼이라도 더 벌 수 있다는 점을 몰랐겠는가. 젖 먹던 힘까지 기를 써 가며 토해 내야, 그래서 하루 24시간 쉬지 않고 달려야, 심지어 노래방에서의 놀이조차 목청이 터져라 목이 쉬어라 진력을 다해야 일상이 유지되는 우리와는 달라도 너무 달랐다. 최선을 다하는 삶이 꼭 바람직한 것만은 아니다. '번 아웃'은 창의력과 자기 주도력을 잃게 한다. 이제껏 '추격'에 몸이 달아 어쩔 수 없었다면, 이제부터라도 '선도'의 담대함을 갖추어야 한다.

방역 조치의 일환으로 시행 중인 영업시간 규제에 대해 원성이 자자하다. 동네 맥줏집, 치킨집 등 자영업 하시는 분들의 생활상의 타격이 너무 심각하기 때문이다. 아이엠에프 이후 구조조정과 정리 해고로 인해 폭발적으로 증가한 자영업은 이미 우리 경제구조를 왜곡시킬 정도로 그 비중이 과다해졌다. 과포화 상태는 필연적으로 제 살 깎아 먹기식 출혈경쟁을 초래한다. 사람값이 갯값보다 못하게 된 건 물론이거니와 이래도 저래도 망할 판인 것이다. 팬데믹 이전부터 이미 하루에도 문 닫는 가게가 헤아릴 수 없을 지경이긴 했지만, 이제 팬데믹은 국가도, 시장도, 시민사회도 감히 엄두조차 내지 못했던 이 자영업 과잉 구조를 아주 폭력적인 방식으로 재편하고 있다. 그러나 위기는 다른 한편으로 기회라고 했다. 이제까지와 다른 방식, 발상의 전환이 절실한 상황이다. 나는 기본소득으로 가계를 보전토록 하는 한편, 과감한 직업 전환과 대안적인 경제 운용 설계로 새 시대를 예비해야 한다고 생각한다.

사람과 사람이 뉴런처럼 촘촘히 연결된 초연결의 사회에서 '이기심'으로 혼자 잘살아 보겠다는 태도는 공멸의 지름길이다. 또한 장사도 잘되고 방역도 효과를 보는 '일타 쌍피'의 방법은 존재할 수 없다는 것을 아프지만 인정해야 한다. 이걸 살리자니 저게 죽고, 저걸 살리자니 이게 죽는 형국 아닌가. 백신 개발에 성공한들 그때마다 바이러스 변형은 계속될 테고. 언제까지 시소게임 하듯 틀어막는 게 가능하겠나. 감당할 수 없는 고통이 수반되더라도 모두의 생활양식을 바꿔야 하지 않을까. 그래야 비로소 미래가 보이지 않겠나. 이제부터 고민 좀 하자.

일회성 재난지원금보다 자영업에 대해서는 직업 전환 시스템을, 임대료와 부동산 대책은 공유부 자산 개념 도입을, 노동-임금 체제는 일-소득 체제로, 지하 자금과 현금 등 자산 쏠림을 막기 위해 화폐개혁을, 0세에서 20세까지 그리고 65세 이후 사망 시까지 완전 보장형 보편복지 체제로, 선별은 보편으로, 지속 가능 성장은 담대한 전환으로, 4차 산업혁명 시대의 사회계약을 다시 쓰자.

# 세미나 참고 자료

강남훈(2019), 『기본소득의 경제학』, 박종철출판사.
박종철출판사 페이스북 페이지, <https://www.facebook.
com/commerce/products/3102130846479148/?ref=pa
ge_home_tab&referral_code=page_shop_card>

최경준(2021), 『이재명과 기본소득』, 오마이북.
오마이북, <http://book.ohmynews.com/NWS_Web/
OhmyBook/book_detail.aspx?pPubCd=PU000011901>

최배근(2021), 『최배근 대한민국 대전환 100년의 조건』, 월
요일의 꿈.
다음 책 검색, <https://search.daum.net/search?w=bookp
age&bookId=5579737&tab=introduction&DA=LB2&q=최
배근%20대한민국%20대전환%20100년의%20조건>

# 기업과 인권

인권 실현의 '의무', '사명', '책임'을 구별해야

### 인권 실현을 위한 국가의 '의무'

근대 사회계약에서 국민국가는 주권자인 국민의 인권을 실현해야 할 의무를 진다. 오늘날 유엔의 9대 인권 조약에서도 한결같이 obligate라는 동사를 사용하여 '당사국'의 인권 실현 의무를 명확히 하고 있다. 이 조약문의 주어는 당연히 당사국이지 개인이 아니다. 시민권 체제는 국민을 주권자로 설정하고, 국가 및 지방정부는 주권자의 인권 실현을 자기 의무로 삼는다. 개인과 개인 사이에 발생하는 권리의 충돌도 그 자체로서 바로 인권 문제가 되는 게 아니라, 인권 실현의 의무를 진 국가 또는 지방정부가 이 문제를 시민의 생명과 안전의 '존중', 자유의 '보호'와 평등의 '증진'과 '실현' 문제로 포섭할 때 비로소 인권 문제로 전환되는 것이다. 국제 인권 조약에서 동사 obligate와 duty를 분리해서 쓴 이유를 주목해야 한다. 이를 분별하지 않고 모조리 '의무'로 번역하는 순간, 인권 실현의 의무가 (국가가 아닌) 모든 개인들에게 있다는, 그래서 너도나도 서로 역지사지하며 존중과 배려로 인권 실현을 하자는 (인권 담론이 아닌) 인성 담론으로 빠지고 만다.

## 인권 실현을 위한 개인의 '사명'

한편 국민 또는 시민은 자기 스스로 또는 자기가 속한 공동체의 인권의 실현과 발전에 기여해야 하는 사명duty을 갖는다. 사명이란, 주권자 스스로 인권의 역량을 갖춤으로써 인권 실현을 위한 책임 있고 자율적인 주체가 된다는 의미이기도 하다. 세계 인권 선언 제29조의 "모든 사람은 그 안에서만 자신의 인격을 자유롭고 완전하게 발전시킬 수 있는 공동체에 대하여 '의무'를 부담한다"는 내용도, 원문을 확인하면 의무obligation가 아니라 사명duty임을 알 수 있다. 이것을 국내 번역서에는 모조리 의무로 번역하였는데, 오류다. 앞서 언급하였듯이 시민권 체제에서 인권 실현의 의무는 원칙적으로 국가 및 지방정부가 지는 것이지, 시민(개인)이 지는 것이 아니다. 이것은 근대 인권 혁명이 이룬 사회계약의 핵심이기도 하다. 자칫 사명과 의무를 변

별하지 못한 채 혼용하게 되면, 인권의 이러한 역사성이 무화
될 뿐만 아니라, 인권에서 매우 중요하게 다뤄야 할 권력관계
가 사상捨象되면서 인권이 고작 '품성론'으로 전락하고 만다.

**인권 실현을 위한 기업의 '책임'**

시민혁명에 의한 제1차 인권 혁명은 국가라는 정치 공동체에
대한 시민사회의 지배를 '법치주의 국가'로 실현하였다. 그러
나 중이 제 머리 못 깎듯, 시장이라는 경제 공동체에 대한 시민
사회의 지배는 미처 제도화하지 못하였다. 오늘날 국가권력 못
지않게 시장권력은 개인과 공동체에 막강한 영향력을 행사하
는 행위 주체가 되었고, 이는 정치적 자유주의와 경제적 자본
주의를 뒷배로 삼아 국가권력을 능가하는 잠재적 인권침해자
로 부상하기에 이르렀다. 특히 세계화된 경제체제에서 다국적
기업의 인권침해 사례는 유엔 등 국제 인권 사회로 하여금 어
떤 식으로든 규제의 당위성을 찾게 하였다. 이른바 '자율 조정
시장'이니 '보이지 않는 손'이니 하며 온갖 미신을 내세워 절대
화된 시장의 폐해가 너무 커진 것이다. 1990년대 코피 아난 유
엔 사무총장의 제안에 따라 글로벌 콤팩트가 주창된 데 이어
2000년대 들어서 유엔은 존 러기John Ruggie가 제창한 '기업과
인권 프레임워크'에 따라 마침내 기업에 인권 실현의 '책임'을

부과하기 시작했다. 이에 따르면 국가는 인권침해가 일어나지 않도록 보호 '의무'를 지고, 기업은 인권을 실현해야 할 '책임'을 지도록 한 것이다. 이때 '책임'responsibility이란, '의무'obligation 보다는 약하지만, '사명'duty보다는 강한 수준의 규범적 규제를 받는다는 것을 의미한다. 이를테면 기업은 인권 실현을 위해 '자율적'으로 노력해야 하지만, 무분별한 이윤 추구를 목적으로 노동·환경·부패·인권의 문제를 일으킬 경우에는 마땅히 법적 규제를 받아야만 하는 것이다.

## 새로운 사회계약

이 시대 인권 담론의 비전은 1차 인권 혁명이 미처 이루지 못한 미완의 과제, 요컨대 '시장에 대한 새로운 사회계약의 쟁취'에 맞춰져야 한다고 본다. 제1차 사회계약이 국가권력(정치 공동체)에 대한 사회(시민)의 통제를 확보한 것이었다면, 제2의 사회계약은 시장(경제 공동체)에 대한 탈시민적 사회 통제를 확보하는 것이다. 돌이켜보면 지난 삼백여 년 동안의 인간과 자연에 대한 무분별한 수탈이 오늘의 팬데믹 위기는 물론 환경 위기, 기후 위기, 불평등의 위기까지 초래했다. 자유주의적 공정성은 fairness가 아니라 equity에 가까운데, 이는 철저하게 비례적 정의comparative justice 개념이다. 내가 기여한 만큼 보상이 돼야 하는데, 이때의 보상 수준은 나의 준거집단의 수혜 수준과 같아야 한다는 원칙을 공정성의 핵심으로 삼는 것이다. 문제는 불평등이 고착된 사회, 이른바 기울어진 운동장에선 이런 비례적 정의는 도덕 감정의 왜곡과 전도를 다반사로 정당화한다. 이를테면 노력과 보상의 인과관계가 단절되면서 그저 노력만 강요당하는 사람과, 노력 없이도 풍부한 보상을 누리는 사람들이 각각 따로 존재하게 된다. 이때 공정성은 사실상 정의에 반하는 불공정으로 전락하지만, 기존의 공정 담론으로 그 기만성과 허위성을 은폐한다. 자유 시장 체제는 인간 본성에 내재한 사회성 내지는 공동체성을 완전히 해체하고 파괴한다. 사회를 해체함으로써 고립되고 파편화되어 무력해진 개인을 양산한다. 이러한 위기를 타개하는 데 인권이 어떻게 기여할 수 있을까.

'노동의 신성함'으로부터 출발한 시민권의 자유주의적 구성은, '기회의 평등'이라는 이름 아래 '능력 급부 존엄성 체제'라는 '능력주의'meritocracy를 신성불가침의 도덕률로 세웠다. 능력주의는 공적 관리자를 표방한 국가를 포박했을 뿐 아니라, 사회마저 해체시켜 결국 '사회적 존재로서의 인간'을 '경쟁주의적 파편화된 개인'으로 전락시켰다.

우리가 오늘 '인권 경영', 다시 말해 '기업과 인권'을 호출해야 하는 역사적 당위성은 바로 여기에 있다. '시장의 인권적 재구성'이란 무엇인가. 그것은 '사회적 존재로서의 인간'을 회복하는 일이자, '시장에 대한 사회의 지배'를 복원하는 일이요, 이는 정치 공동체에 대한 사회의 지배와 통제를 혁명으로 쟁취했던 제1의 사회계약에 이어, 그동안 유예되어 온 제2의 사회계약을 쟁취하는 일이기도 하다. 말하자면 경제 공동체로서의 시장을, 자율 조정 시장이니 자유 시장이니 하는 맹랑한 허위의 장막을 걷어 내고, 이제 사회적 통제와 지배 아래 두고자 하는 것이다.

자유 시장으로 왜곡된 경제를 본연의 것으로 돌려야 한다. 그래야 인간 존엄성이 실현되기 때문이다. 정치적 자유와 경제적 자유가 불가분의 한 몸체를 이루기에 이는 인간 존엄성 실현을 위한 필수적 요소이기도 하다. '기업과 인권'에서 이 부분이 소거되는 순간, 그것은 제2의 사회계약은커녕 자본의 기만적 '위장 척후대' 이상도 이하도 아닌 것이 되고 말 것이다. 누군가는 말할지 모르겠다. 이젠 자본과 공존·공생하는 시대라고. 그러나 '인권 경영'이 무슨 노동–자본 간의 비타협적 '구태'를 극복하는 새 시대 상생의 비법이라도 된단 말인가.

'인권 경영'이 결국 자유 시장 질서를 옹호하고 그들의 양심을 포장해 주는 역할로 전락해서는 안 된다. 그런 점에서 이제

존 러기를 과감히 넘어서야 한다. 특히 기존의 글로벌 콤팩트는 물론, CSR, 또는 ISO26000, 준법 경영, 투명 경영, 윤리 경영, 지속 가능 경영 등과 변별점을 확보하지 못한 채 그저 '시장의 지속 가능성'을 위한 또 하나의 수단으로 인권이 동원되는 것으로서 '인권 경영'이 호명된다면 이는 크게 잘못된 것이다. 지금 우리는 '기업과 인권'을 왜, 무엇을 위해, 누가, 어떻게 호명하고 있는가.

'노동의 신성함'과 '능력주의' 이데올로기로 무장한 지난 수 세기 동안의 자유 시장 경제의 패권적 미망을 과감히 해체하고 '시민'을 넘어 '모든 사람'의 존엄을 실현하는, 명실공히 3차 인권 혁명으로 나아가는 첫 관문에 바로 경제민주화와 '기업과 인권'Buisiness and Human Rights이 있다.

## 세미나 참고 자료

산업통상자원부, "OECD 다국적기업 가이드라인(국·영문)" 첨부 파일 참고.
⟨https://www.motie.go.kr/motie/py/sa/oe/guideline/oecdguide.jsp⟩

국가인권위원회, "기업과 인권 이행 지침, 유엔 '보호, 존중, 구제' 정책프레임워크의 실행" 첨부 파일 참고. 〈https://www.humanrights.go.kr/site/program/board/ basicboard/view?currentpage=5&menuid=0010030010 03&pagesize=10&searchcategory=일반단행본&boardtyp eid=17&boardid=602052〉

# 연등 행렬도 집시법상 '야간 시위'

해마다 사월 초파일이면 서울 도심에 연등 행렬이 길게 이어진다. 연인원 10만여 명이 참가하는 이 큰 행사는 어둠이 깃들면서 시작하여 무채색의 콘크리트 일색인 도심지를 화려하게 장식하며 늦은 밤까지 일대 장관을 연출한다. 어느 언론인의 표현대로 "등燈은 번뇌와 무지로 어두운 무명無明 세계를 부처의 지혜로 밝혀 달라고 바친다. 어둠을 살라 욕심과 노여움과 어리석음이라는 삼독三毒을 지워 주십사 공양한다."

올해도 어김없이 연등 행렬이 이어졌다. 그런데 이 연등 행렬이 과연 실정법상 적법한 것일까? 불온하면서 느닷없는 이 물음 앞에는 두 개의 답이 있을 뿐이다. 적법하거나, 또는 불법이거나! 그 중간은 없다. 일부 성급한 독자의 오독을 피하기 위해 먼저 밝혀 둘 것이 있다. 이 당돌한 되묻기는 현행 '집회 및 시위에 관한 법률'(이하 집시법)이 얼마나 엉터리인지를 말하고자 함이지, 특정 종교 행사를 실정법 위반으로 처벌하라는 취지가 결코 아니라는 점이다. 부디 오해 없으시길 바란다.

집시법 제2조에 따르면, '시위'란, "여러 사람이 공동의 목적을 가지고, 도로, 광장, 공원 등 일반인이 자유로이 통행할 수 있는 장소를 행진하거나 기세를 보여 불특정한 여러 사람의 의견에 영향을 주는 것"을 말한다. 그리고 이 법 제10조에는 "누구든지 해가 뜨기 전이나 해가 진 후에는 옥외 집회 또는 시위를 하여서는 아니 된다"고 엄격히 규정하고 있다. 연등 행렬이 "(10만여 명에 이르는) 여러 사람이 (불가의 뜻을 세상에 널리 알리기 위한) 공동의 목적을 가지고, 도로 등 일반인이 자유로이 통행할 수 있는 장소를 행진"하는 것임에는 틀림없으므로, 집시법상 '시위'에 해당된다고 할 수 있을 것이다. 게다가 연등 행렬은 초저녁부터 늦은 밤까지 도심을 행진하므로, "누구든지 해가 뜨기 전이나 해가 진 후에는 옥외 집회 또는 시위를 하여서는 아니 된다"는 집시법 10조를 정면으로 위반하는 꼴이 된다.

그렇다면 연등 행렬에 참가한 10만여 명이 모두 다 집시법 위반 범죄자로 형사처벌 대상이 되는가? 경찰은 연등 행렬이 실정법상 위법적 요소가 없는 것은 아니나, 집시법 제10조에 "관할 경찰서장은 질서 유지를 위한 조건을 붙여 해가 뜨기 전이나 해가 진 후에도 옥외 집회를 허용할 수 있다"고 규정한 단서 조항에 의해, 요컨대 경찰의 '임의적인 관용'에 의하여 그동안 허용해 왔다고 하니, 이 나라 국민들은 법이 아닌, 공권력의 자비로운 관용에 의해서나 범법자의 신세를 면할 수 있단 말인가. 게다가 이 법의 위헌성 때문에 허가제에서 신고제로 바뀌었건만 아직도 "(경찰서장이) 허용할 수 있다"라니? 뿐만 아니다. 성탄 전야에 기독교에서 행하는 이른바 '새벽송'은 또 어떤가. 이 역시 집시법상 예외 없이 전면 금지된 야간 시위에 해당되지 말란 법이 없는데, 이를 어쩐다! 기독교인들도 무심코 "기쁘다, 구주 오셨네" 외치며 새벽송 돌다간 필경 전과자가 되기 십상인 셈이다.

혹자는 이 법 제15조의 "학문, 예술, 체육, 종교, 의식, 친목, 오락, 관혼상제 및 국경 행사에 관한 집회에는 (…) 적용하지 아니한다"는 규정을 들어, 연등 행렬이나 새벽송이 종교 행사이니만큼 집시법 적용 대상이 아니라고 주장할지 모르겠다. 그러나 천만의 말씀. 이 법 조항 문구를 자세히 살펴보시라. 집시법 제15조의 예외 허용은 '집회'에 한하여 그렇다는 것이지 '시위'에 관하여는 일언반구 언급조차 안 하고 있는데? 그런데 이상하게도 연등 행렬이나 새벽송에 참여했다 해서 집시법상 야간 시위 금지 규정 위반으로 처벌된 사례를 나는 이제껏 단 한 번도 들어본 적이 없다.

권력이 법을 내세워 공포를 조장하면, 오히려 그럴수록 공포의 대상은커녕 조롱거리로 전락하기 마련이다. 하물며 공권력 임의대로 법 집행이 좌우된다면 오죽하겠는가. 노파심에 한마디 더. 이 글을 "법 적용에 예외 없다"는 주문으로 이해해서 이천만 불자와 천이백만 기독교인을 모조리 집시법 위반으로 처벌하겠다고 나서는 일이야 설마하니 없겠지, 하면서도 내심 걱정된다. 그들의 행태가 너무나도 앞뒤가 안 맞고 임의적이어서.

## 세미나 참고 자료

**집회 및 시위에 관한 법률**

제10조(옥외집회와 시위의 금지 시간) 누구든지 해가 뜨기 전이나 해가 진 후에는 옥외집회 또는 시위를 하여서는 아니 된다. 다만, 집회의 성격상 부득이하여 주최자가 질서유지인을 두고 미리 신고한 경우에는 관할경찰관서장은 질서유지를 위한 조건을 붙여 해가 뜨기 전이나 해가 진 후에도 옥외집회를 허용할 수 있다.

제15조(적용의 배제) 학문, 예술, 체육, 종교, 의식, 친목, 오락, 관혼상제(冠婚喪祭) 및 국경행사(國慶行事)에 관한 집회에는 제6조부터 제12조까지의 규정을

적용하지 아니한다.

### 시민적 및 정치적 권리에 관한 국제 규약 제21조

평화적인 집회의 권리가 인정된다. 이 권리의 행사에 대하여는 법률에 따라 부과되고, 또한 국가안보 또는 공공의 안전, 공공질서, 공중보건 또는 도덕의 보호 또는 타인의 권리 및 자유의 보호를 위하여 민주사회에서 필요한 것 이외의 어떠한 제한도 과하여져서는 아니 된다.

### 세계인권선언 제19조

모든 사람은 의견의 자유와 표현의 자유에 대한 권리를 가진다. 이러한 권리는 간섭 없이 의견을 가질 자유와 국경에 관계없이 어떠한 매체를 통해서도 정보와 사상을 추구하고, 얻으며, 전달하는 자유를 포함한다 .

### 대한민국헌법 제21조

①모든 국민은 언론·출판의 자유와 집회·결사의 자유를 가진다.
②언론·출판에 대한 허가나 검열과 집회·결사에 대한 허가는 인정되지 아니한다.

정성엽, "헌법재판소 "야간집회 금지 조항, 헌법불합치"", SBS 뉴스, 2009. 9. 24, 〈https://n.news.naver.com/mnews/article/055/0000167712?sid=102〉

# 북한 주민도 대한민국 국민이라면

북한 인권 하면 핏대부터 올리며 한 옥타브 이상 목청이 높아지는 사람들이 있다. 그 기세가 워낙 험악해서 정작 그들이 주장하는 북한 인권 상황 못지않게 엽기적인 분위기를 자아내곤 한다. 이들은 "대한민국의 영토는 한반도와 그 부속도서로 한다"는 헌법 제3조의 영토 조항을 들어, 북한도 대한민국의 일부라고 주장한다. 국가는 국민의 생명과 재산, 인권을 최우선으로 보장하는 의무를 지므로(참으로 지당하신 말씀이다!), 북한 주민도 대한민국 국민이니만큼 대한민국 정부는 그들의 인권 문제에 대하여 적극적으로 나서야 한다는 것이다. 이들에게는 예나 지금이나 한반도의 유일 합법 국가는 오직 대한민국뿐이다.

그런데 이를 정면으로 부정하는 괴상한 일이 벌어졌다. 그것도 좌파 정권 때가 아니라, 전두환 군사반란 정권의 직계이자 보수 참칭 모리배 정당의 적통 가운데 있는 노태우 정권 때의 일이다. 노태우 정권은 북방 정책과 남북한 유엔 동시 가입을 적극적으로 추진하여 마침내 1991년 남북한 유엔 동시 가입이 이뤄졌고, 이로써 북한은 국제법상 독립 주권국가가 된 것이다. 적어도 이때부터 국제법상으로는 북한 주민을 이 나라 국민이라고 우길 명분을 잃게 된 것이다. 많은 헌법학자들은 헌법 3조의 영토 조항이 미래 통일 한국의 영역 범위를 당위적이고 규범적으로 나타낸 것이라는 데 의견을 같이한다. 해석을 이렇게 유연하게 한다 해도 현실 또는 국제법과의 괴리가 말끔히 해소되는 것은 아닌데, 오히려 이를 축자적으로 해석하려는 이들로 인해 논리적 모순이 가중되고 있다.

먼저 인권의 보편성 측면에서 보자면, 북한 인권 상황이 심각하다는 데는 이론의 여지가 없다. 그러나 동시에, 북한 인권 '만' 문제 삼는 것은 보편성 원칙에 어긋난다. 인권의 보편성 측면에서는 남북한은 물론 인권 문제가 야기되는 모든 상황에 치우침 없이, 일관성 있게 문제 제기를 해야 하기 때문이다. 왜 이명박 정권의 민간인 사찰이나 표현의 자유 억압, 노동 탄압에는 입도 뻥긋 안 하면서(심지어는 정당화하면서) 북한 인권 '만' 문제시하는가? 인도적 지원에 반대하는 것, 이것은 과연 보편성에 부합하는 행동인가? 인권은 바로 이 보편성 때문에 누구에게든 양날의 칼이 될 수 있다는 점을 알아야 한다.

다음으로 국제인권법에 역진하는 국내법의 문제다. 유엔 인권이사회와 자유권위원회, 심지어 미국 국무부의 연례 인권 보고서조차도 국가보안법의 문제점을 여러 차례 지적해 왔다. 대한민국 헌법은 물론이요 국제 인권 레짐에 명백히 역진하거나 모순되는 국가보안법을 금과옥조로 여기는 주제에, 북한 인권 운운하는 것은 앞뒤가 맞지 않는다. 제 눈의 들보를 못 보는 격이요, "너나 잘하세요"라는 핀잔 앞에 낯이 서지 않는 일이다.

마지막으로 시민권적인 측면에서는 더 큰 문제가 드러난다. 북한 주민도 대한민국 국민이라는 주장이 합당하려면, 헌법 등 관련 법률이 대한민국 국민에게 부여하고 있는 권리와 의무를 그동안 북한 주민에게도 똑같이, 예외 없이 부여하고 시행해 왔어야 한다. 그랬는가? 가령 노인 수당, 장애인 수당, 기초생활 수급, 징집, 투표권, 피선거권, 5세 아동 보육료 지급, 세금 부과 등등은 어떻게 하고 있나? 훗날 정부를 상대로 집단소송이라도 제기된다면 어쩌려는가? 또 북한 주민에 대한 범죄적 인권 침해에 대한민국 검찰의 기소권 행사는 어찌 됐는가? 공개 총살, 3대 세습, 정치범 수용소와 관련해서 검찰에 고발해 보라.

검찰이 어떤 처분을 할지 자못 흥미롭다. 입만 열면 둘러대는 '특수 관계'도 하루 이틀이지.

입만 열면 북한 주민도 대한민국 국민이라고 주장하는 이들이 이젠 북한인권법을 제정하자고 한다. 그런데 험한 말로 남측을 공격하는 저들이야 그렇다 처도, 비록 사진일망정 사람을 영점사격 표적지로 쓰고, 어디 삼류 도색 잡지에도 쓰지 않을 법한 조악한 음란물로 삐라를 뿌려 대는 그런 구린 상상력과 행태로는, 죽었다 깨어나도 인권 언저리조차도 가까이 갈 수 없다. 적절성과 실효성 문제는 둘째로 치더라도 좀 솔직해지자. 가당찮은 인권 내세우지 말고 그냥 정직하게 북한붕괴촉진법, 또는 북한정권증오법, 북한체제타도법이라고 해라. 누가 뭐라나.

## 세미나 참고 자료

정재황(2018), "헌법 제3조의 재해석과 현안", 『통일법제 이슈페이퍼』(ISSUE PAPER 18-19-9), 한국법제연구원.
한국법제연구원, "헌법 제3조의 재해석과 현안",
⟨https://www.klri.re.kr/kor/issueData/P/291/view.do⟩

# 양심 검문과 진영 논리

김주영의 소설 『천둥소리』로 기억한다. 한국전쟁이 한창일 때 달도 없어 칠흑같이 어두운 어느 날 밤 정적에 잠긴 산간 마을에 갑자기 정체불명의 무장 괴한들이 닥쳐 총부리를 겨누며 묻는다. "좌면 손등을, 우면 손바닥을 내보이라." 고단한 일상에 쫓겨 자신이 좌익인지 우익인지 가늠할 여유조차 없었던 이 땅의 수많은 양민들은 실로 어처구니없게도, 단지 물음에 대한 답변의 어긋남만으로도 죽음을 맞아야 했다. 소설 속의 이야기지만, 소설 같은 실제 이야기다.

따지고 보면 총알이, 포탄이, 공중 폭격이 어디 좌우 이념 따져 사람을 죽이고 살리고 했던가. 차라리 스스로 좌 또는 우를 선택하는 바람에 당해야 했던 운명이었다면 그리 억울하지는 않았을 것이다. 저들(주류든 비주류든 이들은 '완장'이다)의 필요와 요구로 좌 또는 우라는 굴레를 뒤집어쓰곤 영문도 모른 채 죽어야만 했던 사람이 무려 100만 명에 이른다. 그렇게 죽어 간 사람들에게 이념과 사상이란, 그저 화려한 장식장 속의 귀금속처럼, 감히 넘볼 수 없는 고가의 사치품이나 다름없었으리라. 좌우? 그게 어느 나라 짬뽕이던가? 주류든 비주류든 권력을 위해 쟁투하던 엘리트들에게는 좌우의 문제가 사상적 순결성과 정치적 생사존망을 다투는 중차대한 문제였을 것이다. 그러나 그 싸움판에서 죽어 나간 건 정작 그들이 아니라, 그야말로 무고한 양민들, 바로 우리의 부모 형제, 친척, 이웃들이었다. 평생 사상은커녕 권력의 언저리에도 가 보지 못한 이들 말이다. 그러나 주류든 비주류든 완장들은 자신들의 이해관계를 패권적으로 실현하기 위해 늘 우리에게 어느 편인지 캐묻고, 줄 세우고, 자기편이 아니라면 처단했다.

그로부터 30여 년이 지난 1980년 5월. 학살의 비보를 접하고 차마 방구석에만 있을 수 없어 광주로 잠입(?)을 시도하던 시인 황지우는 결국 계엄군의 불심검문을 받는다. "너 뭐야?" "넷, 저는 시인입니다." "시인? 웃기고 자빠졌네. 이 빨갱이 새끼!" 돌아온 건 쌍욕과 개머리판과 발길질이었다. 그는 그래도 요행히 생명은 부지했다. 살이 발리고 피가 튀던 때였다. 권력의 불심검문은 종전 30년이 지나도록 이 땅에서 여전히 현재 진행형이었다. 광주의 소박한 민주화 요구는 아직도 권력의 완장이 설치한 이념의 덫에서 헤어 나오질 못한 채 구중 산천을 헤매고 있다. 그들은 묻는다. "너는 뭐냐"고. "좌냐, 우냐"고. 어느 편인지 캐묻고, 줄 세우고, 자기편이 아니라고 처단한다. 이도 저도 아닌 건 없다. 뭐라? 시인? 민주주의? 그런 건 안드로메다에나 있는 것이다.

그러고는 다시 40여 년이 흐른 오늘, 권력의 완장들은 여전히 캐묻는다. "너는 뭐냐"고. "좌냐, 우냐", "진보냐, 보수냐"고. 이 우스꽝스럽고 살벌한 줄 세우기 앞에 양심(이라 쓰고 사상이라고 읽는다)의 자유란 한낱 휴지 조각이 되어 쓰레기통으로 처박힌다. 개인이 가진 내면의 신념에 대해 정체를 밝히라고 추궁하는 건 적어도 문명사회에서라면 인간에 대한 예의가 아니라고 하는 점잖은 항변은 "이런 종북 같으니라고!" 한마디에 묵살된다. 묵살을 넘어 예의 그 올가미가 또 동원된다. 뭔가 켕기는게 있으니 답하지 못한다고 몰아세운다.

이런 물음은 그 자체로서 혐의를 덧씌우고 진영을 가른다. 파시즘적 프레임이다. 사람들은 이렇게 지겹고 난폭한 진영 논리 앞에 너무 피로하다. 이제 그만 좀 물으라. 언제까지 '그들만의 리그'에 평범한 사람들이 패가 갈리고, 동원되고, 단죄되어야 하는가. 간도 토벌대의 장교로 독립군 때려잡던 친일 반민족 행위자를 전쟁 영웅으로 둔갑시켜도 좋다. 군사독재 세력을 '한강의 기적'을 이룬 산업화 세력으로 미화해도 좋다. 다만 진실을 가려 거짓을 세우는 데에 더 이상 애먼 사람 몰아붙여 생사람 잡지는 말아 달라.

## 세미나 참고 자료

**세계인권선언 제18조**
유엔인권고등판무관(OHCHR), "Universal Declaration of Human Rights"(한국어), <https://www.ohchr.org/EN/UDHR/Pages/Language.aspx?LangID=kkn>

**대한민국헌법 제19조**
국가법령정보센터, <https://www.law.go.kr/LSW/lsInfoP.do?efYd=19880225&lsiSeq=61603#0000>

# "나는 대한민국 보수다"

언젠가 내가 아주 즐겨 봤던 티브이 방영물은 〈나는 가수다〉이다. 노래나 가수의 가창력은 사실 내 관심 사항이 아니다. 널린 게 음반이고 맘만 먹으면 내려받을 수 있는 음원이 부지기수이기 때문이다. 그러나 '경연'이라는 형식은 박진감이 넘친다. 특히 단 한 명의 탈락자를 정하는 경연은, 단 한 명의 승리자를 뽑는 그것보다 훨씬 더 강한 자극을 준다. 나도 점잖게 말은 한다. 순위는 의미가 없다고. 다 훌륭한 가수고, 노래는 모두 감동이라고. 그러나 고백하거니와 나의 실제 관심은 온통 순위에 쏠린다. 과연 이번 탈락자는 누구인가.

최근 서바이벌 오락물 프로그램이 넘쳐 나는 것은 시대정신의 바람직한 반영이다. 세상은 언제나 둘 중 하나다. 이기거나 지거나. 개성이니 다양성이니 하는 것들은 철딱서니 없는 이들의 얘기다. 경쟁은 승리로 아름다워지고 패배로 추해지는 법이다. 그러므로 내가 세상을 사는 방법도 딱 두 가지이다. 그 하나는 남을 밟아 승리하는 것이고, 나머지 하나는 승리가 보이지 않을 때 재빨리 승자에게 빌붙는 것이다. 어떠한 경우에도 나의 사전엔 패배란 없다. 변전의 고빗길마다 질긴 생명력으로 오늘의 나에게 온전히 대물림된 선대의 유전자는 말한다. "결과가 모든 것을 정당화한다."

나는 일제 때 중추원 참의원을 지냈다. 제국의 '하해河海와 같은 은혜'로 관직을 하사받았으나 그렇다고 스스로 애써 노력한 바가 아주 없었던 게 아니다. 여기서 필설로 다 설명할 수는 없지만, 영광스러운 황국의 식민이 되는 길이 어찌 순탄키만 했겠는가. 나는 먼저 '유신치가'維新治家를 우리 가족의 가훈으로 삼았다. 그리고 만주군관학교를 나와 간도 특설대를 자원했다. 항일 독립군을 토벌하면서 혁혁한 전과를 올림으로써 나와 나의 후손들은 비로소 탄탄한 주류의 반석에 오르게 됐다. 일부 좌익들이 친일 매국노 운운하는 것은 조금도 괘념할 바가 아니다. 친일이든 매국이든 역사는 승자의 것이라는 사실을 그들은 이해하지 못한다. 참과 거짓이란 승패의 냉혹한 현실 앞에선 한낱 부질없는 것에 불과하다. 아주 잠깐 반민특위나 친일

반민족행위 진상규명위원회와 같은 좌익들의 도전이 거셀 때 나는 사실 조금 위축됐었다. 그러나 나는 다음과 같은 금석 명언으로 의연히 대응했다. "우리가 전력을 다해 토벌했기 때문에 한국의 독립이 늦어진 것도 아니고, 우리가 배반하여 게릴라가 되어 싸웠더라도 독립이 빨라질 것이 아니었다." "주의·주장이야 어찌 되었건 민중을 위해 한시라도 빨리 평화로운 생활을 하도록 해 주는 것이 칼을 쥐고 있는 자의 사명이라고 생각했다."

태평양 전쟁이 발발하자마자 대세가 어디로 기울지 나는 본능적으로 알아차렸다. 제국의 운명이 다했다는 예감은 적중했다. 나는 패권의 정중앙으로 들어가기로 작정했다. 유학을 떠나 미국의 프린스턴 대학에서 단 6년 만에 석사와 박사 학위를 모두 받았다. 나는 매사에 성실했고 진정으로 뼛속 깊숙이까지 미국인이 되길 원했다. 미국인이 좋아하는 걸 사랑했고 그들이 싫어하는 것은 혐오했다. 숭미는 선이고 반미는 악이었다. 팔일오 '해방'(이 표현은 왠지 불온하다. 권력의 공백기라는 용어가 적확하겠다) 직후 새로운 권력으로 조선반도에 진주한 미군에게 나는, 황국 시절의 나와 같았다. 주인에 대한 예의는 다른 무엇보다 성실함이다. 진심으로 주인이 싫어하는 것을 싫어하고, 주인이 좋아하는 것을 좋아해야 한다. 몽매한 대중을 '포풀리즘'으로 현혹하던 불온한 정치적 경쟁자들을 차례로 제거하면서 나는 국가 정체성의 초석을 확실히 다졌다. 오늘날 애국적인 역사가들은 나를 건국의 아버지로 부른다. 분별력 없는 사람들은 말한다. 왜 자유·책임·관용·정직과 같은 보수의 보편적 가치가 대한민국 보수에겐 없느냐고. 대한민국의 역사는 그 이유를 온몸으로 보여 준다. 성실과 근면으로 주인을 섬기며 종북 좌파와의 전쟁에서 승리의 패권을 성취한 자의 자부심, 바로 이것이 대한민국 국가 정체성의 핵심이다. 나는 대한민국 정통 보수다.

## 세미나 참고 자료

친일반민족행위진상규명위원회(2009), 「친일반민족행위진상규명 보고서」
행정안전부 국가기록원, 〈https://www.archives.go.kr/next/search/searchTotalUp.do?selectSearch=1&upside_query=친일반민족행위진상규명+보고서〉

# 착한 식사

나는 가급적 육식을 피한다. 무슨 거창한 이념을 좇아서가 아니다. 언제부턴가 고기의 물컹한 식감이 입에 맞지 않았거니와, 철들어 '육식의 정치경제학'에 조금이나마 눈을 뜨게 되면서 완전히 굳어졌다. 하지만 일상생활 속에서 육식을 피하기란 그리 쉬운 일이 아니다. 회식 장소는 으레 삼겹살집이거나 횟집이고, 하다못해 점심 한 끼 때울 인근 식당의 김치찌개나 된장찌개에도 고기가 빠지질 않는다. 심지어 하루 세끼 고기를 거르지 않는 날도 있다. 게다가 '유별난 식습관' 때문에 빚어지는 일행들과의 묘한 부조화는 피차에게 불편함까지 덤으로 안겨 준다. 분위기가 어색해지지 않도록 내가 눈치를 본다 (소수자가 다수자를 배려한다!). 그나마 가끔씩 고기를 먹는 내가 이리 불편한데 하물며 온전한 채식주의자들은 일상이 얼마나 고달플까.

어려서는 밥상에 오른 고깃국을 마주할 때마다 그렁그렁한 소의 눈망울이 눈앞에 어른거렸고, 통닭을 놓고서는 노란 병아리가 눈에 밟혔다. 차마 먹을 수가 없었다. 보다 못한 아버지는 "인간질 못 할 놈, 절간이나 들어가라"고 호통을 쳤다. 비록 어린 나이였지만, 아버지의 그 불호령이 '편식'보다는 나의 유약함을 향하고 있다는 것을 알았다. 허파, 간, 혀, 사슴피 등속을 가리지 않고 먹는 것은 우리 사회에서 종종 '사내다움'의 하나로 여겨지지 않는가.

그나마 집에서는 요리조리 피할 핑계라도 있었다. 그러나 군대 생활은 나의 이러한 식습관을 일거에 진압했다. 입맛이고 비위고 나발이고 없었다. 푸른 도장 자국이 선명한 비계에, 그것도 털이 숭숭 박힌 돼지고기를 넣고 끓인 국을 눈 딱 감고 들이마시는 것은 일도 아니었고, 심지어 뱀이나 도룡뇽 알까지 먹었다. 요행히 탄약고 천장에서 나온 생쥐 새끼를 날로 먹는 것만은 면했다. 선임하사의 말로는 밤눈이 밝아져 야간 사격에 효험이 있다고 했다. 꼬물거리는 생쥐 새끼를 오도독 오도독 씹으며 그가 뱉던 말은 지금도 생생하다. 대한민국의 진정한 남자는 군대가 만들어 준다고. 안타깝게도 나는 여태 사내다움

은커녕, 대한민국의 진정한 남자로도 거듭나질 못하고 있다.

통계청 자료에 따르면, 농가당 한우 사육 마릿수는 1990년 평균 2.62마리에서 2010년 16.86마리로 6배, 돼지는 34.05마리에서 1237.63마리로 36배, 닭은 462.5마리에서 4만1051.88마리로 무려 89배나 증가했다. 어마어마한 폭으로 육류 소비량이 늘고 있는 셈이다.

가파른 육류 소비량 증가는 곧바로 '공장식 가축 사육' 등 사육 환경의 황폐화를 부른다. 열악한 사육 환경을 가리고 더 많은 생산을 위해 다반사로 항생제와 성장 촉진제가 남용된다. 심지어 동종 포식의 동물 사료까지 투입된다. 이렇게 키운 축산물이 온전할 리 없다. 조류 인플루엔자나 구제역, 광우병 등 일찍이 경험하지 못한 신종 인수공통 바이러스 질환이 나타나는 것은 다 이유가 있는 것이다. 근래 암 발병률이 급증하고 우리나라 아동 넷 중 한 명꼴로 아토피에 시달리고 있는 까닭도 따지고 보면 이와 무관치 않다. 더구나 잘 알려진 대로 소나 양 같은 반추동물은 이산화탄소보다 25배나 강력한 온실가스인 메탄을 배출한다. 거친 비교이긴 하지만, 한 사람이 일주일에 한 번만 햄버거 섭취를 줄이면, 자가용으로 512킬로미터를 달렸을 때 배출되는 온실가스 양만큼을 줄일 수 있다고 한다. 또한 4인 가족 기준으로, 일주일에 하루만 고기와 치즈를 먹지 않으면 5주 동안 자가용을 타지 않는 효과를 거둘 수 있으며, 일주일에 한 번만 쇠고기 스테이크를 먹지 않는다면 거의 3개월 동안 자가용을 이용하지 않는 것과 마찬가지 효과를 낸다고 한다. 생명을 상품으로 다루고 그저 개발 이익에 탐닉하는 우리에게 자연은 이미 강력한 경고를 보내고 있다. 나를 구하고 지구를 구하는 '착한 식사', 우선 지나친 육식부터 줄이는 데서 시작하면 어떨까.

## 세미나 참고 자료

김정수, "이대로 가다간…50년 내 35억 명 '사하라 사막'에 산다", 한겨레, 2020. 5. 5, 〈http://www.hani.co.kr/arti/society/environment/943630.html#csidx904c4db8044b7c78afa3265dbf6ef08〉

# 인문학의 실종과 막장 사회

오래전부터 전국 각지를 다니며 인권 강의를 하고 있다. 다른 것도 아닌 '인권' 강좌이기에 특별히 유의해야 할 점들이 적지 않다. 인권이 워낙 통섭적이고 학제적인 접근이 필요한 분야이기도 하거니와, 국내외의 실천과 이론, 정책을 동시에 다루어야 하니 부담이 클 수밖에 없다. 그러나 정작 이보다 훨씬 더 곤혹스럽게 하는 점은 바로 요즘의 대학가 풍속도이다.

한국 사회에서 대학은 이미 학문에 등을 돌린 지 오래다. 취업 대기소로 전락했다고 하면 지나친 폄하일까. 입시 준비에 매달려 간신히 입학한 대학에서, 또다시 죽기살기식의 취업 준비에 '올인'해야만 하는 게 오늘날 대학생들의 현실이다. 학생들은 스펙 경쟁에 정작 본연의 사명인 학문을 할 틈이 없다. 취업에 도움이 되는 강의실은 미어터지지만, 인간 존엄성 따위를 다루는 강의실은 한산하다 못해 적막하기까지 하다. 초점 없이 흐릿한 눈초리로 흡사 유체 이탈한 것처럼 몸만 앉아 있는 경우도 있는데, 그나마 출석을 강제하니 볼 수 있는 모습이다. 일분일초라도 스펙 쌓기에 여념이 없는 학생들에게 한가롭게(!) 인간 존엄성과 사회정의 운운한다는 게 과연 무슨 의미와 가치로 다가갈지 자괴감마저 든다.

최근 서점가에서 불티나게 팔렸다는 '정의' 관련 서적들도 정의를 향한 갈급함 때문이 아니라, 논술 대비용으로 많이 팔렸다는 얘기까지 들리니 허망하기 짝이 없다. 인권이나 평화, 정의, 평등, 민주주의와 같은 고상한 가치들이 고작해야 시험용, 심지어 경쟁 도구로 쓰이고 있다는 것 아닌가. 세상이 요구하는 당장의 쓰임새만을 생각한다면 인간과 사회에 대한 사려깊은 통찰이란 한낱 부질없는 짓일지도 모른다. 그렇게 부질없는 게 어디 인권뿐이랴. 역사학, 철학, 문학 등은 전공에서 아예 자취를 감췄다.

인문학은 당대의 사회 공동체의 영혼을 구성한다. 사회 공동체의 미래 비전도 인문학적 상상력 없인 제대로 세울 수 없다. 그런데도 이제 한국 사회에서 인문·사회과학은 아무짝에도 쓸모없는 것으로 치부되고 있다. 나는 우리 사회의 공동체적 규범과 가치가 날로 황폐해지는 이유가 여기에 있다고 본다. 학문의 위기, 특히 인문학의 위기는 결국 한 사회 공동체의 비판 의식 마비와 철학의 실종, 그리고 윤리의 타락을 초래한다. 아무리 부패해도 능력만 있으면 대우받고, 불법과 비리, 부정과 탈법의 백화점을 차려도 출세하면 그걸로 끝인 세태를 이제 초등학생도 '삶의 지혜'로 받아들일 지경이 되었다.

하긴 일찍이 "성공한 쿠데타는 처벌할 수 없다"고까지 했으니, 친일 매국이나 독재, 학살, 고문이 뭐 그리 대수겠는가. 쫓겨나 망명까지 한 독재자가 건국의 아버지로, 친일 매국노가 전쟁 영웅으로 되살아나는 건 일도 아니다. 이러다 보니 보수로 분칠한 이 땅의 기득권 모리배 집단들은 요즘 아주 신이 났다. 급기야 민주주의를 특정 이념으로 가두고 이를 국민들에게 강제하겠단다. 이에 따르지 않으면? 검찰총장 말을 빌리자면 "좌익 종북 사범으로 척결하겠다"는 것이다. 사상 검증을 내세워 국민을 겁박하고 양심 검열을 강화하겠다는 속셈이다. 인간의 신념과 양심을 편을 갈라 처벌하겠다는 것도 가관이지만, 이런 이들이 자유민주주의 운위하는 꼴이란 더욱 가소롭다. 이들에겐 자유민주주의가 고작 반공 파시즘쯤으로나 여겨지는 모양이다. 게다가 좌익 사범 신고하라고 지하철 안내 방송까지 하면서 우익 사범은 거론조차 안 하는 것을 보면, 이 땅에선 우익 사범은 범죄자도 아니라는 얘기 아닌가.

　그래서일까? 노르웨이의 극우 테러범 아네르스 베링 브레이비크는 유독 한국과 이명박 대통령에 대해 호감을 표시했다고 한다. 이 무슨 괴기스럽고 수치스러운 광경인가. 이러다 정말 대한민국이 세계 극우 테러 집단의 막장으로나 전락하는 건 아닐지 모르겠다.

**세미나 참고 자료**

유범상(2014), 『필링의 인문학』, 논형.
도서출판 논형 블로그,
⟨https://blog.naver.com/nonhyungbook/221727776901⟩

# 고백, 그리고 반성

"나의 권리 이외의 것에 일절 관심 갖지 않는다." 언젠가 법과대학 고시생 전용 도서관 칸막이에서 우연히 이 글귀를 봤다. 아찔했다. 이 기가 막힌 신조를 좌우명으로 삼아 공익의 봉사자가 되겠다니, 사익 앞에 공공의 가치는 이제 하찮은 것이 되는구나, 마침내 정의는 이렇게 퇴락하는구나 싶었다.

　그때가 어느 때였던가. 정권은 군대를 동원해 국민을 학살하고, 백골단이라는 깡패 경찰을 앞세워 시민을 '공식적'으로 구타하던 때였다. 위아래 없이 억압과 폭력이 오랫동안 지속되다 보니 모든 일상이 비틀렸다. 여학생은 화장은 물론이거니와 치마 입는 것도 제 맘대로 못했다. 심지어 이십대 초반 피 끓는 청춘들에게 연애도 죄악이었다. 선배들은 연애하는 후배에게 "시국이 어느 시국인데 연애질이나 하고 있나, 네 사적 감정을 사회화시켜라" 하며 질타했다. '시국' 앞에 욕망은 죄스러운 것으로, 사익의 추구는 천박한 것으로 여겨졌다. 엠티를 가서는 독재타도 민주쟁취 노동해방 조국통일, 구호를 외치며 군대식으로 오와 열을 맞춰 단체 구보를 했다. 그렇게 진보의 껍데기 속에 또 하나의 파시즘이 자리 잡았다.

이쪽이든 저쪽이든, 하나는 모두를 위하여 존재했지만, 모두는 하나를 위해 존재하지 않았다. 민주적 다양성이나 다원성이란 사치 또는 기만에 불과했다. 이 틈바구니 속에서 한편에선 염치를 내팽개친 극단의 탐욕적 사익 추구가 공적 영역을 점령하고, 다른 한편에선 공익을 내세운 또 다른 극단의 집단주의가 똬리를 틀었다. 나와 다르면 적이라는 파시즘적 구성이 어느 쪽이든 주변을 채웠다. 그렇게 청춘을 보냈다.

고백하건대 나는 이제껏 로또 복권에 모든 것을 걸어야 하는, 더 이상 물러설 곳이 없는 사람들의 마음을 헤아리지 못했다. 지푸라기라도 잡아야 하는 사람들의 마지막 선택을 그저 '탐욕'으로 치부했다. 알량한 내 주식이, 내 펀드가, 내 부동산이 대박 터지길 바라는 심정으로 대통령 선거에서 이명박에게 표를 던진 사람들을 단지 사익의 포로가 된 채 '공유지의 비극'을 향해 내달리는 어리석은 이들로만 여겼다. 나의 대박이 저편

어딘가에서 누군가의 한숨과 절망의 대가라는 점을 애써 외면한 탓에, 그런 몰염치를 토대로 오만하고 부패하고 탐욕적이며 사술에 능한 정치 집단이 공적 영역을 장악했다고만 생각했다. 정작 사람들의 그 비루하고 구차한 삶이 도대체 어디로부터 연원해서 어떻게 구성된 것인지, 또 궁극적으로 무엇을 향하고 있는지에 대해서는 관심을 두지 않았다.

말로는 세상의 변화를 외치면서도 막장으로 내몰리는 사람들 편에 서서 그들과 함께 비상구를 찾아 나서는 데 게을렀다. 많은 사람들이 왜 진보를 믿음직한 대안으로 여기지 않는지에 대해 깊게 성찰하지 못했다. 그러기는커녕 우리들끼리 분노하고, 그 분노에 공감하거나 동참하지 않는다고 오히려 우리 밖을 탓했다. 게다가 진보의 확장성을 한낱 자유주의에의 투항, 또는 사이비 진보로 간주하였다. 공허한 순결주의와 원칙론을 고집하며 '내부의 적'과 싸우는 것이 우선이었다. 그럴수록 확장성보다는 배제가 강화되었고, 또 그런 만큼 분열과 고립이 깊어졌다. 그 결과 정작 거악은 가려지고 대중은 등을 돌렸다. 오죽하면 "진보는 논쟁에서 이기고, 선거에서 패배하며, 일상에서 참패한다"는 말까지 나돌게 됐을까.

이제 이런 얼치기 진보는 앞으로 다시 없을 것이다(없길 빈다). 마침 지금 우리 사회는 큰 변화의 전기를 맞고 있다. 진보의 재구성, 혁신이 무엇보다 절실히 필요한 때다. 이 거대한 변화의 요구가 누구 말대로 기껏 자유주의의 세력 재편으로 그칠지, 진정한 민주주의로의 도정이 될지는 순전히 진보의 폭넓은 행보, 요컨대 진보의 확장성 여하에 따라 판가름 날 것이다.

## 세미나 참고 자료

 임지현 외 10명(2016), 『우리 안의 파시즘』, 삼인.
도서출판 삼인 블로그,
<https://blog.naver.com/saminbooks/140124436836>

# 차별과 편견

초등학교 4학년 한 학급에서 '왕따'가 발생했다. 성재(가명)는 점심도 혼자 먹기 일쑤고, 성재와 짝이 되길 바라는 친구도 없다. 담임 선생님이 학급 내 친구 관계에 관한 설문 조사를 해 보니, 좋아하는 친구는 제각각 다양하게 나타났는데 싫어하는 친구는 오직 한 사람, 성재로 모아졌다. 이유는 성재가 뚱뚱해서 "지저분하다", "냄새난다", "게으르다"는 것이다. 아이들은 단정적으로 말한다. "뚱뚱하면 씻는 것도 귀찮아 하잖아요."

이런 대우를 견뎌야 했던 열한 살짜리 어린아이의 심경은 어땠을까. 살면서 언제가 가장 슬펐냐는 선생님의 질문에 성재는 잠시 머뭇거리다 "친구들에게 버림받을 때"라고 답한다. 순간 대답하는 아이의 표정이 웃음인지 울음인지 모르게 일그러진다.

선생님은 교육 전문가, 학부모와 함께 숙의한 끝에 '역할 바꾸기' 실험을 한다. 키 140센티미터를 기준으로 작은 아이들은 우등반, 큰 아이들은 열등반으로 나눈다. 오직 신장을 기준으로 우열을 나눈 것이다. 아이들 반응은 즉각적이었다. 한쪽에 선 머리털 때문에 실제보다 키가 크게 재졌다고 항의하는 아이가 나오고, 한 치라도 낮추고자 신발은 물론, 양말까지 벗고 다시 재겠다는 아이도 있었다. 선생님은 수업 중에 우등반 아이들에겐 칭찬을 아끼지 않고, 열등반 아이들에겐 노골적으로 핀잔을 주었다. 열등반 아이들은 혹시 또 지적을 받진 않을까 잔뜩 긴장하는 바람에 평소 안 하던 실수를 연발했다. 반대로 우등반 아이들은 수업 집중도가 눈에 띄게 높아지기 시작했고, 자신감이 넘쳤다. 칭찬이 자존감을 높여 능력을 배가시킨 반면, 부당한 차별 대우는 있던 자신감마저 잃게 했다. 열등반 아이들은 하나같이 억울해 하고, 화내고, 끝내 울먹였다. 수업 태도가 산만해지는 건 당연했다. 선생님이 싫어졌다는 아이, 전학 가겠다는 아이, 학교 다니기 싫다는 아이가 속출했다. 항의와 불만은 시간이 흐를수록 격렬해져 갔다. 누구도 '합리'니 '차별'이니 하는 단어를 가르쳐 준 적 없건만, 아이들 입에서는 자연스레 "(선생님이 우리를) 불합리하게 차별한다"는 말이 터져 나오기 시작했다.

며칠 후 선생님은 열등반 아이들을 따로 조용한 곳으로 불러 모았다. 그리고 그동안 느낀 심정을 말해 보라고 했다. 아이들은 말문을 열기도 전에 너나 할 것 없이 대성통곡부터 하였다. 굳이 무슨 말이 따로 필요했겠는가. 꽤 오래전 '교육방송'에서 방영된 이 다큐 프로그램은 볼 때마다 새롭고 가슴을 저며 온다.

왕따는 언뜻 특정 피해자에 대한 다수의 가해처럼 보이지만, 결과적으로는 모두를 피해자로 전락시킨다. 언제든, 누구든 피해자로 전락할 수 있다는 불안감 때문에 맹목적으로 집단 결속이 강화되고, 편견을 확대 재생산하여 더 가혹한 행동을 일삼는다. 그런데 상대의 고통이 커질수록 자신의 불안감 또한 불어나기 마련이어서 결국 모두가 잠재적 피해자, 열패자가 되고 마는 것이다.

편견은 종종 상식의 자리를 꿰차고 앉아 세상의 합당한 이치를 전도시킨다. 편견과 차별은 동전의 양면처럼 한 몸통을 이뤄, 차별이 편견을 낳고 그 편견이 다시 차별을 강화시키고 마는 악순환에 빠지게 한다. 편견에 익숙해지면 차별은 눈에 띄지 않는다. 아무리 불합리한 것도 원래 그러한 것, 당연한 것으로 여겨질 뿐이다. 그래서 인권은 익숙한 상식에 질문하기, 되묻기부터 시작한다. 우리는 이제껏 자의적이거나 검증되지도 않은 기준을 잣대로 사람의 우열을 가르지는 않았던가. 성적으로, 재산으로, 성별로, 직종으로, 심지어 용모나 출신 지역으로 사람을 줄 세워 잉여, 또는 열등으로 치부하진 않았는가. 이 과정에서 양산된 억울한 사람들의 모멸과 분노에 과연 귀 기울였던가. 나의 즐거움, 행복 뒤에 스며 있을지 모를 이웃의 고통과 불행에 나는 과연 얼마나 마음을 열었던가.

## 세미나 참고 자료

EBS 다큐프라임 '초등 성장 보고서'
EBS 다큐프라임, 〈https://docuprime.ebs.co.kr/docuprime/vodReplayView?siteCd=DP&courseId=BP0PAPB0000000005&stepId=01BP0PAPB0000000005&lectId=10163136&searchType=&searchKeyword=&searchYear=&searchMonth=〉

# 직권의 존재 이유

해마다 봄이면 서울 여의도 국회의사당 뒤편 윤중로에선 한바탕 벚꽃의 향연이 벌어진다. 벚꽃의 아름다운 자태가 야간 조명 아래 더욱 환상적으로 돋보여서 늦은 밤까지 사람들로 북적인다. 지금이야 시민들이 자유롭게 이용하게 됐지만, 윤중로는 1980년대 말만 하더라도 국가 주요 시설 방호를 이유로 연중 통제하던 곳이었다. 신분증을 패용한 국회의원이나 직원이라면 모를까, 윤중로를 일반 시민들이 자유롭게 드나드는 건 꿈도 못 꿀 일이었다.

그 시절 국회에 근무하던 나는 맘만 먹으면 그야말로 개미새끼 한 마리 없는 윤중로에서 벚꽃의 향연을 온전히 호젓하게 즐길 수 있었다. 마치 거대한 규모의 개인 정원을 가진 착각이들 정도였다. 바리케이드로 시민들의 자유로운 통행을 막은 덕이었다. 나중에 민주화의 진전에 따라 윤중로가 일반 시민들에게 개방되었을 때 결국 나의 이런 호사는 끝났다. 특혜를 더 이상 누릴 수 없게 된 것이다. 아쉽고 떨떠름했다. 특권적 혜택이 얼마나 달콤한지는 누려 본 자만이 안다.

민주화가 진전되어 시민들의 자유와 권리가 확장되면 모두가 행복해 할까? 유감스럽게도 꼭 그렇지는 않은 것 같다. 왜 그럴까? 어느 누구에게는 민주화로 인해 그동안 누렸던 특혜가 시민의 품으로 달아나 버려 특권적 일상을 더는 구가할 수 없게 되기 때문이다. 시민 통제의 반대급부로 특혜를 누려 오던 이들은 "그 망할 놈의 민주화 때문에" 이제까지 누려 온 자신의 권리가 '박탈'되거나, 심지어 '위협'받고, '침해'당하는 것으로 착각한다. 이들은 자신의 특권이 다른 누군가의 권리 행사를 유예시키고 기회를 박탈한 대가라는 사실을 인정하려 하지 않는다.

묻지도 따지지도 않는 위계 중심의 사회, 절대 복종의 권위주의 체제일수록 일반인들의 권리는 다반사로 유예되고 통제되는 반면, 특수한 신분을 가진 사람들의 특권은 마치 당연한 것처럼 보장된다. 그러니 기득권 세력이 민주화에 저항하고 결사반대하는 것은 어쩌면 당연한 것이다. 변호사로부터 법인 카

드와 벤츠 승용차를 건네받아 제 것처럼 써서 사달이 난 어느 검사는 지금 아주 억울해 하고 있을지도 모르겠다. 이 바닥에서 관행적으로 이뤄졌던 일인데 재수 없이 걸렸다고 생각할 수도 있겠다. 그러나 어쨌든 준 변호사나 받은 검사나 공히 그 비용이 결국 고달픈 '의뢰인'의 호주머니에서 나온 것이라는 사실에는 무감할 것이다.

시민의 권리 보호라는 공적인 가치를 실현하기 위해 국가와 사회가 위임한 직무상의 권한 또는 지위를 도리어 자신들만의 특별한 이익을 위해 쓰는 경우가 적지 않았다. 최근 검찰 개혁 문제도 정작 국민의 인권 보호 측면은 뒷전으로 밀리고, 기관 간 권력 다툼으로 전개되고 있는 양상이다. 문제의 핵심은 검찰권의 독립이 아니라, 무소불위의 독점 권력에 대한 민주적 통제장치를 갖추는 것이다.

검찰이나 경찰, 교도관 등 법 집행 공직자들은 민주화가 진전될수록 자신들의 직무상의 권한이 축소될 수밖에 없고, 또 그것이 시대 변화의 당연한 귀결이라는 사실을 받아들여야 한다. 경찰이 "그놈의 인권 때문에" 공무집행이 안 된다고 볼멘소리 하고, 학교 현장에선 학생인권조례 한번 읽어 보지도 않은 채 "그 망할 놈의 학생 인권 때문에 교권이 다 무너진다"고 장탄식하는 한, 시민권은 하찮아지고 만다. 직권은 어디까지나 시민권을 보장하라고 주권자가 위임한 직무상의 권한에 불과하다는 사실, 그래서 설혹 직권과 기본권이 충돌한다면 당연히 기본권이 우선한다는 원칙을 그들은 알면서도 애써 모르는 척하는 걸까.

## 세미나 참고 자료

서울특별시 학생인권조례
국가법령정보센터, 〈https://www.law.go.kr/자치법규/서울특별시학생인권조례〉

교육부(2015), 『외국의 학생인권 법령집』, 휴먼컬처아리랑.
휴먼컬처아리랑, 〈http://www.휴먼컬처아리랑.kr/?r=s104409&c=121/129&uid=44644〉

# 조사 弔辭

얼마나 외로웠니? 얼마나 아팠니? 얼마나 원통했니? 얼마나 무서웠니? 꽃 같은 열네 살, 중학교 2학년 어린 소년으로서는 감당하기 어려울 짙은 먹구름이 몰려 왔건만, 우리는 네게 드리운 그 어두운 그늘을 함께 거둬 낼 엄두조차 못 냈구나. 도와 달라 힘겹게 내미는 네 손을 누구도 마주 잡질 못했구나. 누구 하나 살갑게 어루만지지도, 나누지도 못했구나. 그러긴커녕 연약한 네 어깨를 떠밀며 이겨내야 한다, 강해져야 한다, 그저 다그치기만 했구나. 그래서 청청한 겨울 하늘을 향해 모든 것을 내려놓고 홀로 갔구나. 아파트 20층에서 몸을 던진 열네 살 소년. "성적으로 사람을 평가하는 이런 세상에서는 더 이상 살기 싫어요. 제 무덤에 아이팟과 곰 인형을 함께 묻어 주세요. 마

지막 부탁이에요."(『경향신문』 2011년 12월 15일 1면 "10대가 아프다" 중에서)

네 유서는 너무 아프고 원통하구나. 시험도 없고, 입시도 없고, 경쟁도 없고, 더 이상 줄 세우기도 없는 세상을 향한 소박한 꿈을 품고 너는 그렇게 스러졌구나. 사람의 가치가 고작 푸 줏간의 고기 근수 따지듯 성적으로 재단되고 마는 이 지옥 같은 세상을 향해 외마디 비명조차 제대로 질러 보지도 못한 채 황망히 떠났구나. 가는 길 외로울까 겨우 아이팟 하나를 동무 삼아 홀연히 떠났구나. 뜨는 해와 부는 바람에도 까닭 없이 가슴 설레고 터져 나오는 함박웃음을 주체할 수 없는 나이. 그 푸 르른 생명의 눈부신 나이에 가진 것이라곤 단지 생명밖에 없어서, 그 마지막 생명을 던져 너는 온몸으로 우리 어른들을 무참 하게 고발하는구나. 죽음의 세상을 향해, 생명을 죽음으로 내 모는 이 광폭한 세상을 속속들이 발가벗기는구나. 꽃 같은 네 생명을 번제물로 바쳤구나. 정작 너를 버린 건 세상이건만, 사 람들은 네가 세상을 버렸다고 하는구나.

"이게 다 너를 위해서야", "삼당오락, 오늘 자는 만큼 미래는 멀어진다", "남을 제치지 못하면 네가 제쳐진다", "한 번 처지면 영원히 낙오자가 된다"… 그 숱한 욕망과 공포의 말들, 그것은 틀림없이 열패자로 전락한 우리 어른들의 넋두리였을 것이야.

채찍과도 같은 그 아픈 언어들이 나를 뚫고 애꿎은 너에게 온전히 투사되었구나. 어른들의 욕망과 공포가 만들어 놓은 죽음의 올가미에 날갯짓조차도 힘겨운 열넷 나이의 네가 갇히고 말았구나. 아수라를 방불케 하는 구조를 깨부술 용기가 없어 어른들은 얍삽하게 눈치 보고, 비굴하게 타협하고, 노예처럼 순응하느라 전전긍긍하면서 정작 네 고통스런 신음 소리에는 무심했구나. 그토록 사무치게 아우성을 쳤는데도 귀를 틀어막고 듣질 않았구나. 단 1퍼센트를 위해, 그 나머지 모두가 잉여와 열등으로 분류되어야만 하는 이 빌어먹을 세상을 바로잡지 못한 탓에, 가여운 너를 떠나보내야만 했구나. 대가리부터 꼬리까지 행세 좀 합네 하는 자들이 온갖 파렴치한 패악질을 일삼아도 나 몰라라, 나만 출세하면 그만이라는 탐욕의 질서를 어린 너는 더 이상 용납할 수 없었구나. 네 자존심이 허락하질 않았구나.

언젠가 네 또래의 친구가 그랬었지. 바리깡에 잘려 나간 것은 머리털이 아니라 자존감이었다고. 죽고 싶었다고. 우리가 개, 돼지냐고. 어른들은 모른다. 아니 알려고도 하지 않고, 알아도 모른 척한다. 수치심과 모욕감 속에 사는 건, 그건 살아도 사는 게 아니라는 사실을. 사람들이 비루한 삶을 구걸하며 하루하루 죽어갈 때 너는 거꾸로 천둥같이 죽음으로 살림을 외치는

구나. 얘들아, 사랑하는 얘들아, 죽지 마라. 제발 죽지 마라. 악착같이 살아서 함께 싸워 바꾸자. (대한민국은 경제협력개발기구 OECD 국가 중 자살률 1위에, 10대 사망 원인 1위가 자살이며, 한 해 평균 200명 남짓한 아이들이 자살한다.)

## 세미나 참고 자료

경향신문 특별취재팀, "10대가 아프다" 연재 시리즈, 경향신문, 〈http://news.khan.co.kr/kh_news/khan_serial_list.html?s_code=as084〉

# 우리들의 일그러진 공정성

포도 농장에 수확 철이 다가오자 일손이 필요했다. 농장 주인은 동이 트자마자 인력 시장으로 향했다. 이른 새벽임에도 인력 시장에는 품을 팔러 나온 사람들로 가득했다. 농장 주인은 새벽에 한 사람을 구해 왔고, 이어 오전에 한 사람, 정오에 한 사람, 오후에 한 사람, 저녁 무렵에 한 사람, 모두 다섯 사람을 구해 일하게 하였다. 그날 해가 저물자 주인은 일을 마친 일꾼들에게 하루 품삯을 계산하여 지급했다. 그런데 주인은 일꾼들에게 모두 똑같이 1데나리온(현재 최저임금 기준 일당에 해당한다)씩을 주었다. 온종일 일한 사람이나 저녁때 잠깐 일한 사람이나 구별 없이 똑같은 일당을 지급한 것이다. 종일 일한 사람이 "땡볕에 땀 흘려 하루 종일 일한 내가 왜 조금밖에 일하지 않은 저 사람과 같은 대우를 받아야 합니까?" 하고 항의하자 농장 주인은 대답한다. "친구여, 내가 불의를 저지르는 것이 아니라오."

신약 성경 마태오 복음서 20장의 내용이다. 예수가 '포도 농장 주인'의 비유를 들어 제자들에게 하느님 나라를 "꼴찌가 첫째가 되고 첫째가 꼴찌가 될 것"이라고 설명하는 대목이다. 성경을 읽을 때마다 이 부분은 도대체 이해가 되질 않았다. 아니, 어떻게 많이 일한 사람과 적게 일한 사람이 똑같은 대우를 받는단 말인가. 애쓴 만큼 결과가 맺어지는 것, 노력한 만큼 보상이 주어지는 것이야말로 공정성의 기본이 아닌가. 일한 만큼 보상되지 않는다면 과연 누가 열심히 일하겠는가. 의문이 끊이질 않았다. 이것은 내가 그동안 배우고 믿어 왔던 정의와 평등이 아니었다.

그런데 이 복음서를 다시 읽으면서 아뿔싸, 이제껏 나는 '일'만 봤고 정작 '사람'을 못 보았구나 하는 생각을 하게 되었다. 내 머릿속의 정의에는, 그 규범의 주체인 사람이 없었던 것이다. 고작 시장이 내세우는 공정성을 공정성의 전부인 양 여겨 오다니!

인력 시장에는 일용 노동자들이 늘 넘쳐난다. 일꾼이 없어 사람을 못 구하는 일은 거의 없다. 일꾼을 구하는 사람 입장에서는 숙련되고 건강한 인부가 우선 눈에 들기 마련이다. 그러니 쓸 만한 인부들은 새벽부터 모두 팔려 나가고 시간이 지날수록 변변한 기술도 없고 몸도 허약한 사람만 남겨진다. 오후가 다 되도록 남겨진 사람들은 애가 타들어 간다. 몸은 안 좋지, 일거리는 없지, 게다가 집에는 끼니를 걱정하는 처자식까지 있지 않겠는가.

일용 노동자에게 하루 품삯이란 곧 생존 그 자체로, 자신뿐만 아니라 가족의 생계를 유지하는 절박한 수단이기도 하다. 그러니 건강한 사람이나 허약한 사람이나 생존에 필요한 기본적인 재화는 누구에게나 공통적으로 필요한 법이다. 아니, 경우에 따라서는 허약한 사람에게 특별히 더 많은 재화와 편의가 제공되어야 할 때도 있다. 우선 병을 고치고 건강을 회복한 뒤에야 비로소 노동시장에서 공정 경쟁이 가능해지기 때문이다. 그런데 시장은 이런 합당한 이치에 눈길 한 번 주지 않는다. 왜? "일을 못(안) 하는 사람은 쓸모가 없고, 이는 곧 사람으로서 가치가 없다"고 여기기 때문이다. 시장의 질서는 은연중에 "일하지 않는 자, 먹지도 말라"는 구호를 공정성의 표상으로 삼게 한다. 사회적 약자가 자리할 곳이 없고, 인간 존엄성이 부정된다. 오직 일한 만큼 대가가 지급되며 기여한 만큼 보상된다는 것이 시장의 공정성이라면, 예수가 비유한 포도 농장 주인의 공정성은, 사람이 살아가는 데 필요한 기본적인 재화와 편의는 모든 사람에게 차별 없이 제공되어야 한다는 것을 의미한다. 꼴찌는 게으름 때문이 아니라 박탈이나 결핍에서 비롯되는 것이니만큼, 더 각별한 지원과 자원의 제공이 필요하다는 점을 예수는 강조하고 있는 것이다. 오늘도 우리들의 일그러진 공정성은 우리의 삶을 스스로 파괴하고 있다.

**세미나 참고 자료**

스티븐 J. 맥나미·로버트 K. 밀러 주니어(2015), 『능력주의는 허구다』, 김현정 옮김, 사이.
사이출판사 블로그, ⟨https://blog.naver.com/saibook/220544834332⟩

# 신자유주의와 애국심

미국의 경제학자 밀턴 프리드먼은 '자유'를 위협하는 국가에 대해 공공연하게 적대감을 드러낸다. 그에 따르면 개인들의 집합체에 불과한 국가는 결코 개인 위에 군림하거나 개인을 초월하여 존재해서는 안 된다. 따라서 국가가 공공성을 빙자해서 시장을 규제하거나, 노동자 보호 정책을 취하거나, 사회보장을 추진한다면 이는 곧 시민의 자유를 박탈하는 것이라고 주장한다. 예컨대 개인들의 정당한 노동의 대가인 임금에 근로소득세를 부과하는 것은 개인에 대한 국가의 노동 착취나 다름없다는 것이다. 당연히 감세는 정의로운 것이며 증세나 사회보장의 강화는 자유주의 국가라면 결코 있을 수 없는 일이다. 국가의 국민에 대한 의무 강요는 독재국가나 할 짓이라는 것이다.

1950년대 '매카시즘'의 주인공이자 알코올 중독자였던 조지프 매카시 상원의원이 "이 안에 빨갱이 명단이 다 들어 있다"고 자신의 가방을 흔들어 대며 기염을 토할 때, 실은 그 안에 위스키 한 병 달랑 들어 있었던 것처럼, 프리드먼 역시 대공황기 실직자 시절 정부의 실업 구제 정책의 혜택을 받았다는 사실을 상기해 보면, 그의 이러한 주장은 그저 '허무 개그'처럼 들린다. 어쨌거나 반세기가 넘도록 개발과 성장만을 살길로 알아 온 우리에게 프리드먼의 주장은 그리 낯설지 않다. 국가가 앞장서서 노동 탄압과 재벌 비호를 일삼고, 복지는 나라를 거덜 내는 퍼주기이니 애들 밥그릇도 차별해야 한다고 생난리를 치던 게 엊그제인데, 아직도 선별이냐 보편이냐 논쟁이 거듭되고 여전히 선별의 논리에서 헤어 나오지 못 하고 있다. 조중동이나 전경련, 경총이 그토록 받들어 모시고, 김대중·노무현 정부마저도 무릎 꿇은 신자유주의, 그것의 정통 원조 밀턴 프리드먼의 이 같은 주장은 그가 죽은 지 적지 않은 세월이 지났어도 여전히 이 땅에서 막강한 위세를 떨치고 있다.

그런데 프리드먼이 유난히 강조한 '자유'는 어쩐 일인지 우리의 견결한 애국심을 당혹스럽게 한다. 광화문 네거리를 걷다가도 국기 하강식을 알리는 애국가가 울려 퍼지기라도 하면 일제히 걸음을 멈추고 거수경례를 올려붙여야 했고, 하다못해 음습한 변두리 영화관에서 〈애마부인〉과 〈뼈와 살이 타는 밤〉 따위를 즐기려 해도 일동 기립하여 "자랑스런 태극기 앞에 조국과 민족의 무궁한 영광을 위하여 몸과 마음을 바쳐 충성을 다할 것을 굳게 다짐"해야만 했던 게 우리네의 충성스러운 애국심 아니었던가. 그뿐이랴. 기본권의 주체는 국가가 아니라 국민임에도, 자신의 명예를 훼손했다며 주권자인 국민을 국가가 고소하는 주객전도의 황당한 사태가 벌어지는가 하면, 여러 의혹이 제기된 천안함 사태를 놓고는 헌법재판관 후보자에게, 당국의 조사 결과에 신뢰하는 수준만으로는 못 미덥다며 절대 확신의 국가관을 강요하지 않았던가. 그 애국심, 프리드먼이 말한 '독재국가' 찬양을 넘어 가히 우상숭배에 필적할 만한 수준이 아니었는가 말이다.

다시 말하거니와 프리드먼은 국민에 대한 국가의 의무 강요는 독재국가나 하는 짓이고, 세금 추징도 국가의 개인에 대한 노동 착취에 다름 아니라고 했다. 즉 납세의 의무 부과도 일종의 국가의 노동 착취라는 얘긴데, 그렇다면 징병제는? 이십대의 창창한 청년들을 국방의 '신성한' 의무라는 허울 아래 국가가 강제로 징집해서 그 용역을 통째로, 무상으로 갈취하는 것 아닌가. 적어도 자유주의자라면 개인의 자유와 가치는 국가의 그것보다 우선한다고 해야 앞뒤가 맞지 않겠나. '가스통'들은 오해 마시라. 내 얘기가 아니라 프리드먼이, 신자유주의의 논리가 그렇다는 것이다. 나는 프리드먼에 동의하지 않지만, 그의 주장에 비추어 신자유주의 시대에 자유 대한민국 애국심의 심각한 공황 상태 또는 파산을 확인한다. 애국을 택하자니 자유가 울고, 자유를 택하자니 애국이 운다. 쿠오 바디스 도미네 Quo Vadis, Domine!

## 세미나 참고 자료

밀턴 프리드먼(2009), 『선택할 자유』, 민병균 외 옮김, 자유기업원.
자유기업원, 〈https://www.cfe.org/p_187〉

# 염치

아무리 문학의 효용이 쾌락에 있다 하더라도, 식민지 말기 도탄에 빠진 백성들 면전에서 "술 익는 마을마다 타는 저녁놀"을 노래한 시인은 도무지 염치가 없다. 전쟁 공출로 곡기조차 잇기 어려웠던 시절, 과연 술 담글 곡식이 어디 있었으며, 저녁놀을 감상할 여유는 또 어디 있었을까. 시인이 술에 절어 한가히 저녁놀의 풍류를 즐길 때 식민지 조국의 멀쩡한 딸들은 군대 '위안부'로 끌려가고, 독립운동가들은 고문 끝에 참수당했으며, 끼니를 거른 아이들의 얼굴은 누렇게 떴다. 시인은 이렇게 신산했던 당시 삶의 자리를 정말 몰랐을까, 알면서도 외면했을까.

지난 2012년 2월 23일 문화방송MBC은 "문화방송 시청자 여러분께 감사드립니다"라는 제목의 광고를 여러 중앙 일간지에 게재하였다. 광고에서 그 방송사 사장과 회사 쪽은, 노조의 불법 파업으로 일부 방송 차질이 빚어졌지만, 대다수 프로그램은 '정상적'으로 방송되고 있다면서, 특히 〈해를 품은 달〉이나 〈빛과 그림자〉 등의 드라마 시청률이 최상위를 기록하고 있다는 점에 시청자들께 깊이 감사드린다고 했다. 이 시국에 사과라면 모를까 감사라니, 아무리 생각해도 뭔가 아귀가 맞아 보이지 않았다. 결국 광고문을 세 번쯤 다시 읽고 난 뒤에야 깨달았다. 아, 이 사람들은 시청자들이 그저 연예오락 프로그램이나 드라마의 재미에 흠뻑 빠져 방송의 공정성 따위는 안중에도 없다고 생각해서, 이렇게 고마워하는구나. 매우 불쾌했다. 모욕감을 느꼈다.

물론 적지 않은 기간 동안 계속된 방송의 파행도, 따지고 보면 노조의 파업 때문이라기보단 공영방송의 공정 방송 포기가 초래한 것이라는 사실을 염두에 둔다면, 정상화의 지름길은 무엇보다도 파행의 근본 원인, 곧 방송을 정권의 품에서 놀아나게 한 장본인을 물러나게 하는 것으로부터 찾을 수 있겠다. 아니나 다를까. 그들이 감사해 마지않는 "시청자들의 관심과 성원"은 "지금까지의 엠비시"가 아니라 엉뚱하게도, 노조가 파업 중 유튜브로 제작한 '엠비시 제대로 뉴스데스크'로 모아지고 있다. 조회수가 무려 60만에 이를 정도이니, 그야말로 국민들의 폭발적인 관심과 사랑을 한 몸에 받고 있는 셈이다. 엠비시 노조는 대국민 사과문과 '엠비시 제대로 뉴스데스크'를 통해 '지금까지의 문화방송'이 어땠는지를 이렇게 고백한다. "그동안 국민들이 원하고 궁금해 하는 뉴스를, 안 해도 되는 뉴스가 아닌, 꼭 해야 할 뉴스를, 심지어 세상 모두가 아는 사실임에도 저희 뉴스데스크는 외면했다. 공영방송 엠비시는 '엠비 방송' 엠비시가 되었고, 국민의 방송 엠비시는 정권의 방송 엠비시가 되었다. 주인인 국민을 섬기지 못하고 저들의 품 안에서 놀아났다." 언젠가 내가 아는 한 엠비시 기자는 "다른 건 몰라도 취재 현장에서 시민들로부터 손가락질 당하고, 비아냥 듣는 게 가장 괴로웠다"고 말하다 끝내 눈물을 비쳤다. 무엇이 그로 하여금 그토록 가슴 깊은 통증을 느끼게 하였을까.

"'김재철 사장 때문'이라는 이유로 비겁했고, '엠비 정권의 언론 탄압 때문'이라는 이유로 비굴했다"는 토로는 아마도 언론인으로서 최소한의 직업윤리, 자존감을 가진 인간이라면 누구나 지니고 있는 염치가 이제 더는 물러설 곳이 없다는 마지막 절규로 들린다. 아무리 방송이 시청률에 목숨을 건다 해도, 정작 공영방송의 기본 사명인 공정 보도는 내팽개친 채 몇몇 드라마의 시청률 운운하며 방송의 파행을 가리고 '정상 방송' 운운하는 것은 도무지 염치가 있어 보이지 않는다. 김재철 사장은 눈물을 훔치던 그 일선 기자의 심정을, 아니 시청자들의 공정 방송에 대한 열망을 정말 모르는 걸까, 아니면 애써 외면하고 있는 걸까. 그이의 염치는 회사는커녕, 집에도 못 들어간 채 특급 호텔을 전전하며 이 겨울의 끝자락에 대체 어디서 헤매고 있는 것일까.

## 세미나 참고 자료

 김종철, "사상 초유의 방송 항쟁, 새로운 역사가 시작됐다", 미디어오늘, 2012. 3. 7, 〈http://www.mediatoday.co.kr/news/articleView.html?idxno=100852〉

# 파업 2.0

파업이란, 노사 협상에서 노동자의 요구를 관철시키기 위한 쟁의 행위의 하나로서, 사실상 임금 노동자가 자신의 노동력 상품의 판매를 중지하는 행위이다. 노동시장에 자신의 노동력을 팔아 생계를 유지해야만 하는 임금 노동자에게 파업이란, 그래서 최후의 옥쇄 투쟁일 수밖에 없다. 자본과 노동 간 권력관계의 비대칭성을 고려할 때, 노동자는 아무래도 모든 면에서 불리한 처지일 수밖에 없다. 그러나 그동안 수많은 투쟁과 희생이 있었기에 오늘날 노동자들의 쟁의 행위는 헌법과 노동 관계법으로 보장받게 되었다. 파업은 이제 인권의 국민국가적 실현 형식인 시민권 가운데서도 '기본권'으로 보장되기에 이르렀다. 대한민국 헌법 제33조도 노동자들의 권리와 이익을 위하여 노동 3권, 즉 단결권과 단체교섭권, 그리고 단체행동권(파업 또는 태업 등)을 기본권으로 보장하고 있다.

엄연히 노동자의 단체행동권을 헌법적 기본권으로 보장하고 있음에도, 이제껏 우리 사회에서 파업이 법에 의해 보호받거나, 합법 파업으로 인정받은 경우를 나는 기억하지 못한다. 미문한 탓인지는 몰라도, 내가 아는 한 우리 사회에서 파업은 곧 모조리 불법으로 간주되었다. 법의 보호는커녕, 준법투쟁에 대해서조차도 형사처벌은 물론이거니와, 명예훼손과 영업 손실을 걸어 거액의 손해배상 소송을 제기함으로써, 그러잖아도 보잘것없는 노동자의 호주머니를 아예 거덜 내온 게 우리네 쟁의 관행 아니었던가.

어디 그뿐인가? 심지어 '조폐공사 파업 유도 사건'처럼 대검 공안부가 직접 나서서 파업을 유도하고, 노조를 불법의 함정에 빠뜨려 결국 와해시켰다는 의혹 때문에 특별검사까지 구성되는 일이 벌어지기도 했다. 상황이 이 지경이니, 우리 노동 현장에서는 노동 3권이 기본권이라는 헌법적 보장은 한낱 허울뿐이었고, 실제로는 언제나 일방적이고 야만적인 노동 탄압을 감내해야만 했다. 이에 노동자들은 아예 노동권을 포기하고 노예처럼 살든가, 머리띠 두른 채 사생결단의 비장한 투쟁으로 일관하든가, 선택은 언제나 둘 중 하나였다.

문제는, 이런 구도 속에서 노동자가 어떤 선택을 하건 시민들의 폭넓은 지지와 동의를 구하기가 어려웠다는 점이다. 사람들의 눈엔 파업이 그저 '그들만의 밥그릇 싸움' 정도로만 치부되었기 때문이다. 파업의 공공성은 가려지고 사익 쟁투로만 부각됐다. 여기에 대다수 언론이 일방적으로 자본의 편을 들면서 파업을 교묘히 '시민의 불편'으로 연결시키기라도 하면, 게다가 "무노동 무임금 원칙이야말로 정의와 공정성"이라는 악질적인 자유주의 프레임을 덧씌우기라도 하면, 쟁의는 그야말로 백전백패로 치닫기 일쑤였다. 그 아무리 정당한 파업일지라도 돌아오는 것은 여론의 싸늘한 시선뿐이었다.

　세상이 변했는지, 아니면 자본주의가 진화했는지 몰라도, 어쨌든 이제 노동 문제는 노동만의 힘으로는 해결하기 힘든 상황이 되었다. 노동이 노동만의 문제로 고립될 때 오히려 노동의 위기가 가속화되는 딜레마에 봉착한 것이다. 그런데 최근 이런 양상이 조금씩 달라지고 있다. 조중동이 은폐하고 왜곡하던 진실 전달을 다양한 인터넷 매체와 에스엔에스SNS가 대신하기 시작하고, 『뉴스타파』와 같은 대안적 언론 매체가 등장하면서부터다. 대안 매체의 힘이 '희망 버스'를 만들어 내는가 하면, 이를 시발로 노동 문제에 대한 사회적 연대가 형성되기 시작했다. 해직 기자들은 『뉴스타파』라는 대안 언론을 제작하고,

파업 중인 방송사 노조는 공정 방송을 위한 자체 제작 프로그램을 쏟아낸다. 자본과 권력에 의해 사익 안에 갇혀 있던 공공성이 파업을 통해 시민들에게 되돌려지고 있는 것이다. 과거 같으면 꿈도 못 꿀 파업의 진화가 아닐 수 없다. 파업이 노동만의 고립된 골방에서 광장으로 뛰쳐나와, 시민과 함께 어울리고 있다. 바야흐로 파업 2.0의 시대다.

**세미나 참고 자료**

 송수경, "파업유도 사건 일지", 연합뉴스, 1999. 12. 17,
〈https://www.yna.co.kr/view/AKR19991215007100004〉

# 늑대, 쥐, 기생충, 바이러스

서민 경제의 심각한 파탄에도 불구하고, 장안의 명품 판매점 앞에서는 수천만 원짜리 고급 핸드백을 사기 위해 줄 선다는 얘기를 듣고는 바로 보드리야르의 '파노플리 효과'effet de panoplie가 생각났다. 프랑스의 철학자 장 보드리야르는 아이들이 경찰 놀이를 하면서 마치 자신이 경찰인 것처럼 착각하여 행세하는 것처럼, 소비사회는 사람들이 고급 브랜드를 구입함으로써 스스로 상류층인 양 착각하게 한다고 주장한다. 헛것, 가상의 복제물(시뮬라시옹)이 실체를 가리고 대신한다는 것이다.

우리 사회 상류층의 계급적 천박성이야 어제오늘의 일도 아니어서 그런 행태가 새삼스럽지는 않지만, 이제 어린아이들까지도 한 벌에 수십만 원을 호가하는 유명 상표의 옷을 선호하고, 빚을 내서라도 명품을 구입해야만 그 바닥에서 차별받지 않는 지경에 이른 걸 보면, 보드리야르의 주장은 남의 얘기처럼 들리지 않는다. 그만큼 우리 사회의 소외의 정도가 심각하다는 반증일 것이다.

소외는 반드시 당대의 윤리와 규범, 가치의 일탈을 초래한다. 사람들은 불편한 정도正道보다는 안락한 편법을, 고달픈 진실보다는 화려한 허위를 택한다. 참과 거짓은 하등 중요하지 않고, 오직 유불리만을 따진다. 정체성이 심하게 왜곡되고 비틀리면서 모호해지고, 심지어 우리가 싸워야 할 대상, 외부에 있는 줄로만 알았던 적은 어느새 우리의 내면으로 들어와 뿌리를 내리기 시작한다. 종국에는 그야말로 적과 내가 얽히고설켜 한 몸통이 되고 마는 것이다.

보드리야르의 '적의 계보학' 개념을 빌리자면, 적은 최초 단계에서 늑대의 모습으로 나타난다. 늑대는 울타리 밖에 선명한 적으로 존재하니, 비록 그 공포와 폭력의 서슬은 시퍼렇지만 역설적으로 전선이 분명한 만큼 대적하기도 단순하고 쉽다.

다음 단계에서 적은 쥐의 형태를 취한다. 쥐는 야음을 틈타 은밀히 우리를 갉아먹는다. 지하 벙커 같은 음습한 어둠을 좋아하며, 울타리를 아무리 견고하게 둘러쳐도 쥐구멍을 통해 끈

질기게 집안 깊숙이 들어온다. 우리들의 허술하고 지저분한 비위생성이야말로 쥐에겐 좋은 서식처가 된다.

쥐의 단계를 넘어선 적은 이제 기생충의 모습으로 다가온다. 부지불식간에 내 몸 안에 들어와 기생과 숙주의 관계로 진화한다. 숙주로 하여금 걸신들린 것처럼 먹어 대게 하거나, 끊임없이 욕망하게 한다. 내 몸속의 적은 나의 탐욕을 조장하여 자신을 살찌운다. 숙주인 나는 날로 허허로워 치열하게 탐욕을 추구하지만, 결과적으로 기생충만 살찌울 뿐이다. 그러나 그래도 아직은, 적은 나와 구별되는 타자성을 극복하지 못한다. 그만큼 대적할 수 있다는 것이다.

그러나 마지막 단계, 적이 바이러스의 형태로 나타나기 시작하면 문제는 그리 간단치 않다. 적과 동지, 내부와 외부, 자아와 타자의 구분이 없어진다. 적이 나인지, 내가 적인지 헷갈린다. 적의 낯선 타자성이 사라지고 어느덧 내 안에서 자기동일화한다. 심지어 적은 나로 하여금 나를 타자화하여 주체를 전복시킨다. 소외와 일탈이라는 비정상성이 일상화되어 정상성으로 둔갑하는 것이다. 일종의 착란 상태라고도 할 수 있겠다.

돌이켜보면 우리는 언젠가부터 지난날의 가슴 시린 민주주의 기억을 망각한 채 탐욕의 언어를 아무런 부끄럼도, 거리낌도 없이 서로 주고받아 왔다. 고달픈 진실보다 화려한 허위를 택했다. 참과 거짓의 분별보다는, 유불리를 주로 따졌다. 그래서 행복해졌는가. 그 어느 때보다 살 만한 세상이 되었는가. 자식들에게 부끄럼이 없는 나라가 만들어졌는가. 당신의 적은 지금 어떻게 나타나고 있는가. 늑대인가, 쥐인가, 기생충인가, 아니면 바이러스인가.

## 세미나 참고 자료

장 보드리야르(2001), 『시뮬라시옹』, 하태환 옮김, 민음사.
민음사, ⟨http://minumsa.minumsa.com/book/1916/⟩

# 위선의 '다문화주의'

고대사학자와 인류학자들의 주장에 따르면, 한민족은 바이칼 호 부근에서 시원始原한 일군의 종족이 북중국을 거쳐 한반도로 남하하면서 한 축을 형성하고, 다른 한편 남아시아의 한 무리가 남중국해를 따라 북진해 중국의 화북지역을 거쳐 한반도로 진출하면서 형성되었다고 한다. 이를테면 북방 민족과 남방 민족이 서로 뒤섞여 한민족을 형성하였다는 것이다. 게다가 호란과 왜란 등 한반도 남북으로부터 무수한 외침을 겪으면서 대규모의 이주와 혼혈의 사달이 거듭 벌어졌기 때문에, 한민족의 혈통은 그야말로 뒤죽박죽 마구 뒤섞인 셈이 되었다. 순혈의 단일민족은커녕 온갖 '잡탕'식 혼혈의 역사를 거쳐 온 것이다.

사정이 이런데도 우리는 아직도 반만 년 단일민족이라는 순혈주의의 환상에서 깨어나질 못하고 있다. 이 순혈주의가 은연중에 '민족적 우월성'으로 둔갑하고, 여기에 난데없는 애국심까지 끼어들면서 '정당화'를 넘어 무슨 대단한 자부심으로 표출되기까지 한다. 이러한 착각과 왜곡은 급기야 양극화로 인한 계층적 불만과 버무려지면서 매우 폭력적이고 공격적인 인종적 배타성으로 나타나곤 하는데, 최근 국내 거주 이주민들에 대한 근거 없는 혐오가 확산되고 있는 것은 그 방증이라 하겠다. 우리 안에 인종차별이라는 또 하나의 '게토'ghetto가 만들어지고 있는 것이다.

상황이 이렇다 보니 여기저기서 '다문화주의'를 주창하며 나서고 있고, 이를 지원하기 위해 중앙정부와 지방자치단체도 이러저러한 정책을 강구하고 있다. 물론 환영할 만한 일이다. 그러나 우선 언어의 질서부터 바로잡을 필요가 있다. 다문화주의라는 용어가 개념 없이 마구잡이로 쓰이고 있기 때문이다. 다문화주의 정책이란, 말 그대로 문화적 다양성을 존중하여 서로 다른 문화가 한 사회 안에서 조화롭게 공존할 수 있도록 하는 정책이다. 예컨대 한국으로 온 이주민이 굳이 한국의 언어나 풍속, 관행을 익히지 않더라도, 일상생활에 아무 불편함이 없도록, 나아가 차별 없이 존엄한 삶이 가능하도록 환경을 조성하는 것이다. 다문화주의 정책은, 이주민을 '낯선 이질적 존재'로 간주하여 특별한 관리와 통제를 통해 우리식 단일 문화로 동화시키려는 '외국인 정책'과는 그 격이 사뭇 다르다. 외국인 정책은 반드시 인종적 서열화와 사회적 배제라는 숱한 인권 문제를 야기한다.

그런데 주변을 둘러보시라. 이주민을 위한 한글 교실을 열고는 다문화 정책이란다. 결혼 이주 여성에게 한국의 전통 양식과 세시풍속을, 한복 입는 법을, 심지어는 장 담그는 법을 가르치며 다문화 정책이라고 호들갑을 떤다. 이러한 것들은 전형적인 동화 정책이지, 다문화주의 정책이 아니다.

한국에 온 베트남 이주민이 베트남어로 표기된 운전면허 필기시험을 볼 수 있는가. 파키스탄어가 지원되는 다국어 지상파 방송이 방영되고 있는가. 일반 학교에서 몽골 이주민의 아이들이 몽골어로 교육을 받고 있는가. 다문화 정책은 이처럼 엄청난 자원이 투자되어야 비로소 실현 가능한 것이다. 북유럽의 여러 나라들이 이미 십수 년 전부터 사실상 '다문화주의 정책'을 포기하고 '이주민 정책'으로 선회한 데도 바로 이런 배경이 있다. 비록 내국인과 똑같은 수준은 아니더라도, 이주민에 대한 시민권적 개방 체제만이라도 잘 갖추면, 인권 침해 소지가 다분한 '외국인 정책'만큼은 극복할 수 있겠다는 판단 때문이었다.

우리는 과연 "모든 인간은 존엄하다"는 명제에 동의하는가. 혹시 그 존엄성의 주체를 '모두'가 아닌, '우리'라는 특정한 범주에 속한 사람에게만 한정하지는 않는가. 보편적 인권이 시민권의 강고한 울타리 안에 갇혀 있는데 무슨 염치로 다문화 사회를 운위할 수 있겠는가. 인권의 보편성은 '세계시민'을 향하는 것이다. 국경을 넘어, 민족을 넘어, 인종을 넘어, 언제 어디서나 보장되어야 하는 것이 바로 인간의 존엄성이기 때문이다.

## 세미나 참고 자료

세계인권선언 제2조
유엔인권고등판무관(OHCHR), "Universal Declaration of Human Rights"(한국어), <https://www.ohchr.org/EN/UDHR/Pages/Language.aspx?LangID=kkn>

외교부, "인종차별철폐협약" 파일 참고,
〈http://www.mofa.go.kr/www/wpge/m_3996/contents.do〉

국가인권위원회, "모든 이주노동자와 그 가족들의 보호를 위한 국제협약 The International Convention on the Protection of the Rights of All Migrant Workers and Members of their Families" 파일 참고, ⟨https://www.humanrights.go.kr/site/program/board/basicboard/view?currentpage=2&menuid=001003007007&pagesize=10&searchcategory=이주노동자권리협약&boardtypeid=7065&boardid=7602191⟩

# 가짜 민주주의

명색이 '인권'을 직업으로 하는 사람으로서 일상에서 그에 걸맞은 실천을 하기란 그리 만만한 일이 아니다. 매번 위선과 허위로 가리려 애쓰지만, 어쩌랴! 일상의 생활을 함께하는 가족에게만큼은 그 알량한 기만이 통할 리 없다. 아내는 평소 "내 말 한마디면 당신의 정치 생명은 끝장"이라고 농반진반으로 말한다. 고백하건대 나의 권위주의는 박정희를 능가하고, 그 가부장성은 마초에 버금간다. 그런데 다행인지 불행인지 아들만큼은 아직 그 위선의 실체를 꿰뚫어 보지 못하는 것 같다. 아직 어려서일 수도 있고, 아니면 이미 다 알면서도 능청스레 모르는 척하는 것일 수도 있겠다(물론 후자의 경우일 가능성이 훨씬 높다).

어쨌건 아들과 대화의 밀도가 높아지던 어느 즈음부터 나는 어떤 문제든 가족회의를 통해 제기하고, 존중과 이해, 설득으로 해결을 도모하자고 제법 호기롭게 제안했다. 아마도 그때 나의 침방울은 장광설만큼이나 사정없이 아들의 면전으로 튀었을 것이다. 그럼에도 불구하고 그는 예와 같이 진지하게 들어 주었고, 고개를 끄덕이거나, 적절히 눈을 마주쳐 줌으로써 아비의 체면과 권위를 온전히 세워 주었다. 어쨌거나 인권을 주창하는 사람으로서 나는, 제 아이에게 매를 들거나 손찌검하는 일 한 번 없이 민주적(!)으로 가족 관계를 유지해 왔다고 이제껏 우쭐해 왔다.

그런데 어느 날 아들은 폭탄선언을 했다. 그 언어를 지금 온전히 다 기억하지는 못하지만, 대략 "가족회의가 민주주의를 빙자한 기만에 불과하고, 결국은 부모의 의사를 아들에게 관철시키는 무형의 강압과 지배 수단에 불과하다"는 것이었고, "앞으로 가족회의가 진정으로 민주적으로 운영되게 하려면 의사 결정을 할 때 내 표에 가중치를 달라"는 주장이었다. 이유는 "부모는 합쳐서 두 표인 데 반해, 나는 한 표밖에 안 되므로 언제나 부모의 뜻대로 결론이 날 수밖에 없는 구조이고, 이럴 바에야 가족회의는 하나마나 빤한 결론을 내기 마련"이라는 것이었다. 요컨대 "민주주의는 개뿔이나!"라는 것이었다.

사실 여느 청소년과 마찬가지로 아들에게도 신형 스마트폰은 매혹적이었을 테고, 염색이나 파마, 또는 (그 볼썽사나운!) 스키니진도, 컴퓨터게임도 절실한 현안이었을 것이다. 그때마다 번번이 부모와 의견 충돌이 빚어졌다. 가족회의에 상정된 이런 안건은 다수결로 처리되기 일쑤였다. 그러나 어떤 경우에도 2 대 1의 표결 결과는 변함이 없었다. 민주주의의 권위를 빌려 부모의 의사는 그야말로 세련되게, 그리고 완벽하게 관철되었다. 그러나 아이의 이런 예상 못한 문제제기 앞에 마땅히 둘러댈 변명조차 찾기 어려웠다. 내키진 않았지만 그의 요구대로 가중치 한 표를 주는 것으로 재빨리 사태를 수습했다. 그 와중에도 얄팍한 셈법이 작동했다. 2 대 2로도 버틸 수 있다! 무엇보다도 이마저 수용하지 않으면 판이 깨지고, 결국 더 엄중한 사태가 닥칠 것이었다.

적지 않은 사람들이 민주주의를 다수결의 원리로 이해한다. 다수결의 원칙은 공리주의지 민주주의가 아니다. 최대 다수의 최대 행복 실현의 뒤편에는 언제나 소수의 묵살과 희생이 따른다. 소수 의견의 존중이야말로 민주주의의 핵심 가치가 아닌가. 자고이래로 불의한 권력도, 적어도 형식적으로는 다수의 지지를 빌려 종종 정당화되었다. 나는 진정한 민주주의란, 절차의 공정성 못지않게 소수자, 약자 존중의 원칙이 지켜질 때

비로소 빛을 발한다고 믿는다. 그래서 인권 없는 민주주의는
가짜 민주주의다.

## 세미나 참고 자료

정근식 외(2019), 『대한민국 인권 근현대사 1 ― 인권의 사상
과 제도』, 국가인권위원회.
국가인권위원회 인권도서관, 〈https://
library.humanrights.go.kr/search/detail/
CATTOT000000049030?mainLink=/search/
tot&briefLink=/search/tot/result?q=민주주의_A_
bk_0=jttjzpudjttj_A_st=KWRD_A_si=TOTAL〉

볼프강 베네덱(2019), 『인권의 이해: 인권교육을 위한 핸드
북』, (사)인권정책연구소 옮김, 국가인권위원회.
국가인권위원회 인권도서관, 〈https://
library.humanrights.go.kr/search/detail/
CATTOT000000048434?mainLink=/search/
tot&briefLink=/search/tot/result?q=민주주의_A_
bk_0=jttjzpudjttj_A_si=KWRD_A_si=TOTAL〉

# 비트겐슈타인과 개소리

입에 올리기도 민망스럽지만, '개소리'bullshit라는 비속어가 있다. 언어에 강박적일 만큼 엄정했던 비트겐슈타인이 그의 러시아어 개인 교사가 입원하자 병문안을 갔다. 환자가 "차에 치인 개같이 아프다"고 하자 비트겐슈타인은 "개소리!"라고 외치며 불같이 성을 냈단다. 개도 아닌 주제에, 그것도 차에 치인 개의 고통이 어떤지 당신이 알기나 해? 그런데 어찌 이런 표현을 한단 말인가.

'개소리'는 우리말 사전에 "아무렇게나 되는대로 지껄이는 당치 않은 말을 욕하여 이르는 말"이라고 그 뜻풀이가 되어 있다. 점잖은 유사어로는 '횡설수설'이나 '막말'을 들 수 있겠다. 막말이라고 하면 바로 연상되는 대한민국 제1야당의 대표를 지내기도 했던 한 정치인은 자신의 발언을 막말이라고 지칭하는 여론과 언론을 향해 "가장 솔직한 말을 막말로 매도"한다며 억울함을 토로했지만, 사람이 개가 아닌 다음에야 가장 솔직한 말이라고 하는 것이 고작 "아무렇게나 되는대로 지껄이는 당치 않은 말"이라면, 다른 무엇보다도 비트겐슈타인으로부터 또 어떤 까칠한 구박을 받을까 자못 궁금하다.

"아무렇게나 되는대로 지껄이는 당치 않은 말"로 치자면 인권 쪽도 예외가 아니다. 언젠가부터 "인권은 (진보와 보수, 좌와 우에) 치우치지 말고 중립적이어야 한다"라든가, "시민 항쟁 (투쟁)형 인권은 접고, 이젠 시민 생활 밀착형 인권을 중심으로 재구성해야 한다"라든가, "인권의 가치도 다수가 합의해야 비로소 인정되므로, 사회적 합의가 전제되어야 한다"라는 따위의 정체불명의 횡설수설, 막말들이 횡행하고 있다. 급기야 "동성애는 반대하지만, 차별해서는 안 된다"는, 가히 막말의 끝판왕이라 할 만한 말까지 등장하기에 이르렀다.

상황이 이렇다 보니 "국가는 개인이 가지는 불가침의 기본적 인권을 확인하고 이를 보장할 의무를 진다"고 한 헌법적 맹세는 헌신짝처럼 버려진 채, 인권 대 반인권 간의 대립을 '민민 갈등'으로 규정하고 국가가 사회 통합을 내세우며 '갈등의 중재자'를 자처한다. '국가의 책무' 자리에는 슬그머니 개인의 품성(=인성)이 대신 자리 잡았다. 인권이 '역지사지' 또는 '상호 존중'과 '배려'로 대체된 것이다. 그래서 인권교육법 제정에는 결사반대해도 인성교육진흥법은 만장일치로 통과된다. 국가가 국민의 '싸가지'를 바로잡겠다고 나선 셈이다.

이제 가해자가 피해자 코스프레를 하는 착란錯亂은 일도 아니게 되었고, 대한민국에서 가해자는 당당하며 억울해 하고, 피해자는 늘 염치없고 죄송한 일이 다반사로 벌어진다. 소위 정치 지도자라는 자들이 내뱉는 "아무렇게나 되는대로 지껄이는 당치 않은 말"들로 인해 언어의 교란과 인식의 착란이 날로 더해지고 있다.

일찍이 공자는 이상만 크고 실천이 따르지 않는 이를 광자狂者(=진보), 매사에 지나치게 신중하고 완고하기만 한 이를 견자狷者(=보수)라고 칭하면서, 중용의 도[中道]란 광자도 견자도 아닌 체하면서 입만 열면 양비兩非와 양시兩是를 내세워 싸잡아 매도하는 사이비 인간에 반대(惡似而非者)하는 것이라고 했다. 사이비의 특징은 막말과 요설로 원인과 결과를 뒤집고, 본질과 현상을 뒤바꾼다. 선과 악을 뒤섞고, 정의와 부정의의 경계를 모호하게 만들어 시시비비를 무화시킨다. 세상의 명징한 이치를 흐리게 만드는 것이다. 언어의 엄정성을 외쳤던 비트겐슈타인의 그 욕설이 새삼 곱씹어지는 때다.

## 세미나 참고 자료

 현혜란, "인권위원장 "인권교육지원법안 철회 유감…입법 노력 계속"", 연합뉴스, 2018. 10. 8, 〈https://www.yna.co.kr/view/AKR20181008064500004〉

 의안정보시스템, "인권교육지원법안(정성호의원 등 20인)", 〈http://likms.assembly.go.kr/bill/billDetail.do?billId=PRC_Z1H8O0V8W2U4U1J8Y1Y4W3P3O5T8C0〉

 추미애 의원실(2014), "『인권기본법 제정』을 위한 입법공청회. 제2차 [전자자료]", 국회의원 추미애 주최, 국회전자도서관, 〈https://url.kr/4hgd32〉

 이현진, "세계 최초 '인권기본법' 생기나", 한국경제, 2017. 10. 23, 〈https://www.hankyung.com/society/article/2017102337871〉

# 폭력, 사랑의 이름으로

중학교 때 음악 시간은 끔찍한 공포의 시간이었다. 실기에서 음정 하나 삐끗하거나, 질문에 즉답을 못 하고 우물쭈물했다가는 어김없이 아비규환의 매타작이 작렬했다. 류 아무개 음악 선생은 깡마른 데다 생김새마저도 흉악하기 그지없었는데, 몽둥이질은 기본에 주먹과 발길질이 일도 아니었다. 그래서였을까? 지금도 이태리 가곡 "카로 미오 밴 크레디욜 맨 센자디테…"를, 헨델의 "옴부라 마이 푸 디 훼게타빌 레…"를 저도 모르게 흥얼거리곤 한다. 교실 가득 울려 퍼지는 그 아름다운 음률의 고전음악이, 침 넘어가는 소리조차 굉음으로 들릴 만치 압착된 공포와 버무려져, 내 십대의 기억 창고에 고스란히 저장되어 있다.

무려 50여 년이 흘렀는데도 이 기억하고 싶지 않은 기억을 다시 끄집어낸 것은 다름 아닌 국가인권위원회가 만든 인권 영화 〈4등〉이었다. 엔딩 크레딧이 올라오는데 배경음악이 예의 그 "카로 미오 밴…" 아닌가. 나도 모르게 머리털이 쭈뼛 섰다. 영화는 내게 묻는다. 류 아무개 음악 선생은 나에게 고마운 분이었을까. 그 매질이 아니었으면 이 삭막한 삶에 감히 이태리 가곡 같은 고상한 문화 교양을 하나라도 갖출 수 있었을까. 영화 속의 광수가 준호에게 나긋나긋 타이르듯, 그 음악 선생은 지금도 내 귓속에 속삭인다. "니가 미워서 때리는 거 아니거든. 다 니 잘 되라고 이러는 거거든. 내가 겪어 보니 그렇더라." 영화 속의 인물들은 말한다. "맞아야 1등 하고, 1등 해야 존엄해진다." 말하자면, 존엄해지려면 먼저 존엄을 포기하라는 것이다.

나이를 먹어서인지 비탄의 세상 때문인지, 요즘 주책없이 눈물이 많아졌는데, 이 영화를 보는 내내 질질 짰다. 슬퍼서, 죄스러워서, 창피하고 부끄러워서, 영상이 아름다워서 또 눈물이 났다. 나도 틀림없이 누군가에게 그 음악 선생이었고, 광수였고, 준호였을 것이다. 내가 맞은 만큼 누군가를 때렸을 것이다. 그러고는 "니가 미워서 때리는 거 아니거든. 다 니 잘 되라고 이러는 거거든" 하며 자위했을 것이다. 우리는 이제껏 폭력의 피해자이기도 했지만, 동시에 가해자이기도 했을 것이다. 그러나 필경 약할 때 피해자였고, 힘 있을 때 가해자였을 것이다.

영화 〈4등〉이 던진 문제적 상황은 폭력의 세습, 또는 폭력의 도미노를 고발하는 따위의 고루하고 상투적인 것이 아니다. 폭력이 사랑의 이름으로 우리 일상 속에서 아름답게 포장되어 유통되고 있음을 적나라하게 드러낸다. 남편은 아내를 너무나 사랑한 나머지 죽음에 이르도록 구타하고, 아이를 사랑하는 마음에 부모는 '사랑의 매'를, 교사는 '훈육의 매'를 든다. 장병을 아들처럼 사랑하기에 노예처럼 부리고, 사랑스런 딸로 여겨 성희롱을 일삼는다. 노동자가 이기심을 버려야 사랑의 공동체가 가능해지고, 기독교의 사랑은 혐오로 더욱 빛을 발한다.

이제 사람답게 살려면 어쨌든 너도나도 먼저 '갑'이 되어야 한다. 나는, 내 자식만큼은 남의 머리통을 짓밟고서라도 올라서야만 한다. 가해에 대항하는 피해자들의 연대 투쟁이 아니라, 너도나도 가해자가 되기 위한 피해자들의 각개 투쟁이 벌어진다. '갑'은 선망의 대상이지, 더 이상 투쟁의 대상이 아니다. 이를 놓고 누구는 '추격주의'라고 하고, 또 누구는 '연대 없는 평등'이라고 했다. 촛불 시민은 민주공화정을 능멸하던 최고 권력자를 파면했지만, 다른 한편 오늘도 갑이 되기 위한 고군분투에 너도나도 분주하다. 그래서 이 땅에선 "조물주 위에 건

물주"가 있다.


## 세미나 참고 자료

정지우 감독(2016), 영화 〈(반짝반짝 빛나는) 4등〉
국가인권위원회 인권도서관, 〈https://
library.humanrights.go.kr/search/detail/
CATTOT000000040404?mainLink=/search/
tot&briefLink=/search/tot/result?q=4등_A_st=KWRD_A_
si=TOTAL_A_bk_2=jttj000000aajttj〉

# 자유의 어두운 그늘

88 서울올림픽 폐막 직후였다. 1988년 10월 8일. 일단의 수감자들이 이송 도중 탈출을 감행하여 주택가에서 인질극을 벌였다. 이들은 흉악범이 아니라 그야말로 '개털'(잡범)이었는데, 자신들이 '보호감호제' 때문에 징역형을 마치고도 보호감호 처분을 받아야 하는 것과, 500만 원 상당의 절도를 저지른 자기들에 비해 70억 원을 횡령한 전경환의 형기가 더 짧은 것이 너무 억울했다. 이런 부조리를 만천하에 폭로하고 억울함을 호소하고자 한 것이 주요 탈주 동기였다. 이들은 경찰과 대치 끝에 결국 자살하거나 사살당하는 비극적 결말을 맞고 말았다. 이른바 지강헌 사건. 이 사건이 던져 준 사회적 반향은 적지 않았다. 한동안 비지스의 '홀리데이'라는 노래가 유행했고, '유전무죄

무전유죄'라는 신조어는 오늘날 보통명사로 통용되기에 이르렀다.

마침 바로 그즈음, TV와 라디오에서는 연일 "하늘엔 조각구름 떠 있고 강물엔 유람선이 떠 있고, 저마다 누려야 할 행복이 언제나 자유로운 곳… 뜻하는 것은 무엇이건 될 수가 있어… 저마다 자유로움 속에서 조화를 이뤄 가는 곳… 아~ 대한민국"이라는 한 가수의 흥겨운 노래가 흘러나왔다. 노래와는 달리 대한민국의 현실에는 이미 '지강헌'처럼 내몰리는 수많은 사람들이 있었고, 이들에게 '아, 대한민국'의 노랫말은 심각한 인지 부조화를 초래하기에 충분했다. 과연 저마다 누려야 할 행복이 언제나 자유로운지, 뜻하는 것은 무엇이든 될 수가 있는지, 대한민국이 저마다 자유로움 속에서 조화를 이뤄 가는 곳인지.

자유란 사전적 의미로 어떤 행위를 하고 싶으면 하고, 하기 싫으면 하지 않을 수 있는 상태를 말한다. '자기결정권'이라는 개념도 여기서 비롯된 것이다. 그러나 유감스럽게도 그런 자유는 현실에선 존재하지 않는다. 자유는 먼저 합당한 자격과 능력을 요구한다. 일찍이 존 로크는 "모든 인간은 자유롭게 태어났다"고 제법 호기롭게 외쳤지만, 기실 그에게 인간이란 자산을 소유한 백인 남자에 한정됐을 뿐이다. 자유는 누구나 향유할 수 있는 권리가 아니라, 오직 제 능력만큼만 허용될 뿐이다.

우리는 사실 내가 가진 '유가증권'만큼 자유롭고, 내 통장의 잔액만큼만 자유롭지 않은가. 이것이 자유의 속살이다.

한편 자유는 기회의 평등을 의미한다. "개천에서 용난다"는 말이다. 이는 필연적으로 능력주의로 귀결된다. 세상에 공짜는 없으며 능력(성과)에 따라 보상받는 게 자유의 원리라는 것이다. 그런데 "한 명의 천재가 10만 명을 먹여 살린다"는 어느 재벌의 신조나 "돈도 실력이야. 억울하면 네 부모를 원망해"라는 정유라의 빈정거림에서 알 수 있듯이, 그 능력과 자격은 진정 자신이 노력한 결과일까. 과연 개인의 재능이나 능력, 자격 같은 것들이 계층이나 부모, 교육 기회, 상속과 같은 대물림과 무관할까. 자산 소득 증가율이 임금소득의 그것을 뛰어넘었다는 사실은 기회의 평등은 허울일 뿐 이미 운동장이 기울어졌다는 것을 방증한다. 자유로울수록 불평등해진다는 역설이 현실화되고 있는 것이다.

반상의 세습 신분 사회를 벗어난 지 100여 년 남짓한 오늘, 우리 사회에는 자유의 이름 아래 새로운 세습 신분 질서의 탄생을 예고하는 듯한 징표들이 곳곳에서 나타나고 있다. 어쩌면 그때 지강헌은 오늘을 예견하고 우리를 대신하여 포효했는지도 모른다. 저마다 누려야 할 행복이 언제나 자유로운 곳, 원하는 것은 무엇이건, 뜻하는 것은 무엇이건 될 수가 있어, 저마다 자유로움 속에서 조화를 이뤄가는 아~ 대한민국의 그 허울 좋은 '자유'를 향해 그는 주먹을 불끈 쥔 채 가운데 손가락만 하늘 높이 빳빳이 치켜든 건 아닐까.


## 세미나 참고 자료

김정현, "[오늘 다시보기] 지강헌 탈주사건 (1988)", MBC뉴스, 2018. 10. 8, 〈https://imnews.imbc.com/replay/2018/nwtoday/article/4866481_30187.html〉

# 동맹의 재구성

한반도에서의 전쟁 발발 가능성에 대한 국제사회의 긴장과는 달리, 국민의 일상엔 별다른 동요가 없다. 냉전 수구 세력의 안보 마케팅에 이골이 난 탓일 수도 있고, 하루 평균 40명이 넘는 사람들이 목숨을 잃는, 사실상 전시 수준의 참사(연간 1만5천여 명이다!)가 일상이 되었기 때문일 수도 있겠다. 소위 '안보 불감증'에도 맥락이 있기 마련이다. 그런데 안보 불감증보다 더 심각한 문제는 위기에 대응할 '자주 대응력'이 부재한 것이다. 안보를 남의 나라에 맡겨 버린 다음에야 안보 무력증에서 헤어날 길이란 사실상 없다. 핵무장 전략폭격기와 항공모함이 한반도로 집결하고, 민족 절멸의 대참사가 단지 '군사적 옵션'이라는 세련된 언어로 운위되고 있는데도 그야말로 속수무책일 수밖에 없다.

북핵은 제네바 합의 때만 해도 핵 동결과 평화협정, 북미 수교가 일괄 타결 방식으로 등가교환될 수 있었지만, 이제는 그 선을 넘어 버렸다. 즉 북한은 이미 보유한 핵무기(몇 기나 되는지 파악조차 안 된다)와 현재 개량 중인 핵무기, 그리고 이를 지원하는 재처리 시설과 앞으로 소형화, 경량화로 진화를 계속할 미래 핵기술 등 최소한 3개의 카드를 가진 셈이 되었다. 중국의 '쌍궤병행'(비핵화와 평화 체제 맞바꾸기)도 물 건너간 것이다. 이제는 유예-동결-감축-불능화-비핵화라는 복잡한 다단계 협상이 불가피해졌다. 북한은 자신들의 전략자산이 '뻥카'가 아니라는 것을 증명이라도 하듯 연일 미사일 무력시위를 벌이고 있다. 북한의 김락겸 전략군사령관은 "화성-12 중장거리 전략탄도미사일IRBM 4발을 동시에 발사해서 괌을 포위 사격하겠다"면서, "이는 일본의 시마네島根현, 히로시마廣島현, 고치高知현 상공을 통과, 사거리 3,356.7킬로미터를 1,065초 간 비행한 후 괌 주변 30~40킬로미터 해상에 탄착하게 될 것"이라고 미사일의 궤적과 시간, 거리 등 1급 군사정보에 해당하는 내용을 일부러 공개했다. 왜 그랬을까.

미국의 미사일 방어MD 체제에 도전장을 내민 셈이다. MD 체제는 북한보다도 중국과 러시아를 견제하려는 미국의 세계

군사전략의 일환으로 구축되어 왔다. 일본의 재무장이나 한국에의 사드 배치도 이런 맥락에서 이뤄지고 있다. 그런데 지난 2017년 8월 30일 미국의 군축협회 미사일 방어 전문가인 킹스턴 리프 국장이 "미국과 일본은 북의 탄도미사일을 요격할 방법이 없다"고 실토했듯이, MD체제는 실전화하기까지 아직 갈 길이 먼 형편이다. 미국으로선 궤적까지 미리 알려준 북한의 미사일 요격에 실패한다면, MD의 효용과 신뢰에 치명적인 타격을 입을 수밖에 없다. 이제 북핵 문제는 남북한 문제를 넘어 미국의 세계 군사전략에 대응하는 최대 현안으로 격상되었다. 위기의 진앙지는 바로 여기에 있다. 북핵은 그동안 남북한 문제로 위장되어 오던 한반도 긴장의 실체, 즉 분단의 세계체제적 성격을 여지없이 드러나게 하고 있다.

## 세미나 참고 자료

"북미 제네바 기본합의서 전문", 1994. 10. 22,
서울신문, 〈https://www.seoul.co.kr/news/newsView.php?id=19941022007003〉

# 가치 투쟁과 인권의 정치

카를 마르크스는 인간의 역사는 계급투쟁의 역사라고 했다. 세상은 이익 투쟁의 장이라는 말이겠다. 이익(권리) 투쟁은 반드시 가치(이념) 투쟁을 동반한다. 사람은 누구나 자신의 선택과 행위를 '정당화'하려 하기 때문이다. 정당성 투쟁이랄 수 있는 가치 투쟁의 결과가 세력(헤게모니) 투쟁의 판세를 결정하고, 세력 투쟁에서 우위를 차지한 집단이 정책의 주도권을 쥔다. 권리-이념-세력-정책이라는 정치(과정)가 만들어지는 것이다.

정치 과정에서 지배 집단은 정책의 보편성과 공공성을 빙자해 자신의 기득권을 확대재생산한다. 그래서 종종 가치 전도의 정당화가 이뤄진다. 가난한 사람들이 부자를 위해 투표하는 것과 같은 계급 배반의 행태가 그 대표적 사례이다. 우리가 선거제도 개혁이나 정책 정당, 이념 정당을 그토록 바라는 까닭도 이런 왜곡을 막기 위해서다. 정치가 가치 투쟁의 사명을 저버리면 세속주의 정치가 활개를 친다. 세속주의 정치의 특징은 당선을 지상 목표로 삼아서 표만 좇는 것이다. 정치를 왜 하려는지, 정치의 사명이 무엇인지는 안중에도 없다. 흔히들 정치는 곧 '표'이기 때문에 정치인은 다수의 의사를 좇을 수밖에 없다고 한다. 언뜻 그럴듯하게 들리지만, 이 언술은 틀렸다.

김대중 대통령은 정치인은 '서생적 문제의식'과 '상인적 현실감각'을 고르게 갖춰야 한다고 말했다. 이 얘기는 정치 행위는 가치 투쟁이면서 동시에 이익 투쟁이라는 뜻일 터이다. 그런데 "배부른 돼지보다 배고픈 소크라테스가 되는 게 낫다"고한 J. S. 밀의 말처럼, 인간은 이익 충족만으로는 행복할 수 없는 존재다. 배부름도 도덕적 정당화로 뒷받침되지 않으면 공허해지기 때문이다. '산업화'가 '민주화'로, '경제성장'이 '인간 존엄성'으로 수렴되지 않는다면, 그게 '물신화' 외에 무슨 의미가 있겠는가. 그러므로 서생적 문제의식이 없는 정치인은 정치인이 아니라, 그냥 상인인 것이다. 정치인의 확장성은 자신의 정치적 정체성, 요컨대 실현하고자 하는 가치(이념)를 집요하게 (= 상인적 현실감각으로) 풀어낼 때 비로소 가능해지는 법이다.

인권의 획득, 확장, 심화의 과정 역시 항상 정치적일 수밖에 없다. 그렇기 때문에 '세속주의적 정치'의 위험성이 늘 도사리고 있다. 인권이 현실 정치에서 표가 안 된다고 해서(사실은 검증된 바 없다), 다수가 동의하지 않는다고 해서 피하고 숨는 데 급급할 것이 아니라, 인권을 상인적 감각을 통해 설득하고 확산시켜 표로 연결하는 역량이 필요한 것이다. 이러한 역량이 없다면 그는 정치인으로서 자격 미달인 것이다. (자칭) 진보적 정치인들조차 정체성과 확장성을 대립항으로 전제하고 마치 정체성을 포기해야만 확장성이 담보되는 양 여기지만, 이는 아주 심각한 착각이다. 정체성을 해체하면 확장성도 없다. 오히려 그 틈을 비집고 냉소와 혐오에 기반한 상인 정치가 세력화하게 마련이다.

최근 온갖 사이비, 가짜 정치인들이 중도 확장, 중간 지대 공략, 외연 확장, 전국 정당, 대중 정당 운운하면서 오로지 표 불리기식 세 불리기에만 몰두하고 있다. 천박한 상인 정치가 난무하고 있는 것이다. 급기야 국가인권위법을 개정해서 인간에 대한 차별을 합법화하겠다고 나서는 정치인까지 나오고 있다. 나는 '뜨거운 아이스커피'가 형용모순이 아니라 이 세상에 분명히 존재하는 어떤 실체라고 생각한다. 우리는 이미 '가치 지향 없는 정치인', '당파성 없는 운동가', '중립적인 지식인' 따위로 표상되는, 그야말로 형용모순이 넘쳐 나는 세상에 살고 있지 않은가. 가치 투쟁의 정치, 정체성의 정치를 언제야 만날 수 있을까?

## 세미나 참고 자료

정희완, "김대중 前대통령과 리콴유 前총리 '민주주의' 논쟁", 경향신문, 2015. 3. 25, 〈http://news.khan.co.kr/kh_news/khan_art_view.html?art_id=201503251135171〉

# 보수와 모리배

"정치를 하면 무엇부터 하시렵니까?" 하는 자로子路의 물음에
공자는 단 한마디로 "정명"正名(이름을 바로잡고자 한다)이라고 답
한다. 이름이 바르지 않으면 말이 엉클어지게 마련이고, 말이
엉키면 소통이 안 되니 정치가 제대로 될 리 없으며, 정치가 미
숙하면 결국 형벌刑罰이 바르게 적용되지 못해 사람들이 무엇
을 해야 하고 무엇을 하지 말아야 할지 갈피를 잡을 수 없게
된다고 했다. 정의롭지 못한 것을 '정의'라고 부른다면 그것은
바르지 못한 이름[不正名]이기에, '불의'不義라고 바로잡겠다고
한 것이다. 불의한 것에는 불의를, 정의로운 것에는 정의라는
이름을 붙이는 것이 정명이고, 이것이 곧 정치의 기본 사명이
라는 말이겠다. 『논어』 자로편 제3장의 내용이다.

우리가 무심코 쓰는 말 중에 부정명不正名의 대표적인 사례로 바로 '보수'가 있다. 프랑스대혁명 시기 공화파와 왕당파, 이후 자코뱅당과 지롱드당이 각각 좌우에 착석한 이래 서구에선 좌파와 우파, 진보와 보수는 앞서거니 뒤서거니 경쟁하면서 민주공화주의를 함께 발전시켜 왔다. 그러나 이런 전통은 적어도 한국 사회에서만큼은 찾아볼 수 없다. 진보는 물론이고, 보수 역시 아예 '없었기' 때문이다. 일제하 독립운동 시기만 하더라도 좌우의 대립은 그리 큰 문제가 아니었다. 어쨌든 선대들은 '좌우의 양 날개'로 함께 민족해방을 도모했던 것이다.

그런데 해방 이후 친일 부역자들이 대거 권력의 핵심에 복귀하면서, 자신들의 과거를 세탁할 방편으로 '반공'을 내세우기 시작했다. 게다가 한국전쟁을 겪으면서 전쟁이 경험하게 한 모든 악덕까지 반공은 블랙홀처럼 빨아들였다. 반공이 이념과 노선에 의해서 형성되었다기보다 친일 부역 세력의 기득권 유지를 위한 신분 세탁의 도구이자 '공포의 재생 공장'으로 호출된 것이다. 한국 사회 보수에게 반공은 모든 부정명을 집어삼키는 신성불가침의 '절대반지'이자 수호신이 되었다. 이승만의 '자유'당 정권은 정작 자유를 외치던 국민을 향해 총질을 해 댔고, 박정희의 '민주공화'당은 쿠데타와 유신 독재로 정작 민주공화정을 능멸했으며, 전두환의 '민주정의'당은 광주 학살을 통해 민주와 정의를 시궁창에 처박아 버렸다. 반공으로 친일 부역을 가리고, 안보를 팔아 공익을 사유화하며, 보수를 내세워 기득권을 수호하는 집단, 이것이 우리 사회의 이른바 자칭 보수의 민낯이다. 이게 무슨 보수인가?

세월호 참사에 대한 전 국민적 애도를 '시체팔이'라고 비아냥거린 이들을 과연 보수라 할 수 있을까? 국정 농단으로 헌법에 의해 탄핵당한 박근혜를 칭송하며 국정원의 기획과 지원에 의해 동원된 이들을 보수라고 일컫는 게 합당한 일일까? 막말과 돼지 발정제로 연상되는 홍준표는 그렇다 쳐도, 보수 재건의 기치를 내건 유승민도 보수를 참칭하지만, 그들의 정치적 혈통, 그들의 사대주의적 노선, 그들의 호전적 안보관, 공동체 파괴적 엘리트주의, 그 어디에서도 보수의 가치와 품격을 찾아볼 수 없다.

보수도 아닌 것들이 무시로 보수를 매명하는데, 정작 정명을 앞장서서 실천해야 할 언론과 적지 않은 지식인들은 이들을 여전히 보수로 칭하고 있다. 부정명도 이런 부정명이 없다. 보수의 아버지 에드먼드 버크가 웃을 일이고, 공자가 땅을 치고 통곡할 일이다. 나는 이들을 '모리배'로 정명할 것을 제안한다. 모리배의 사전적 의미는 "온갖 수단과 방법으로 자신의 이익만을 꾀하는 사람. 또는 그런 무리"이다.

## 세미나 참고 자료

 위키백과, "자코뱅파",
〈https://ko.wikipedia.org/wiki/%EC%9E%90%EC%BD%
94%EB%B1%85%ED%8C%8C〉

# 1987, 수치스러운 기억

아들은 〈신과 함께〉를 보자고 했다. 내가 짐짓, "무슨 그런 황당한 영화를? 보려면 〈1987〉을 봐야지. 내가 저 나이 땐 공의公義로 피가 끓었건만!" 노골적인 핀잔은 가렸다지만, 영 마땅찮아 하는 기색을 눈치 챈 아들은 "1987이 뭐지?" 하면서도 자기 주장을 선선히 거뒀다. 그야말로 '경건한 마음'으로 〈1987〉을 봤다. 역사적 사건으로서의 '1987'은 분명 한 시대를 가로지르는 집단 경험이기도 하지만, 동시에 그 시대를 살아 낸 수십만, 수백만의 사람들 하나하나의 기억과 에피소드들이기도 할 것이다. 공적 기억이란 기실 사적 경험의 총화가 아닌가. 어쩌면 사람들은 '나'의 경험을 통해 투사된 기억으로 역사적 사건을 제 나름대로 불러내는지도 모르겠다.

고백하자면 나의 '1987'에는 무덤까지 가져가고픈 부끄러운 기억이 얽혀 있다. 최루탄과 화염병과 투석이 일상이었고, 투신과 분신이 끊이지 않던 때였다. 모두들 눈에 핏발이 곤두서 있었다. 나는 운동권 선배랍시고 공공연하게 4인용 기숙사 방을 혼자 쓰는 호사를 누렸다. 어? 담배가 없네, 선배의 혼잣말이 채 끝나기도 전에 후배들은 총알처럼 뛰어나가 담배를 사오던 시절이었다. 싸우면서 닮는다고 했던가. 특권 의식과 권위주의로 치자면 이쪽도 결코 저들에 뒤지지 않았다.

어느 날 늦은 밤 후배 여학생 A가 내 방을 찾아왔다. 평소 딱 부러지던 후배 A는 그날따라 하나마나 한 얘길 한참 동안이나 늘어놓았다. 늦은 밤 대체 이게 무슨 일인가. 나는 참다 못해 "그래, 네가 주장하는 바가 뭐냐"고 말을 잘랐다. A는 얼굴이 벌게진 채 잠시 나를 쳐다보더니, 선배를 좋아하게 됐다고, 언제고 이 말을 꼭 하고 싶었노라고 했다.

순간 매우 당황했다. 이제껏 내세워 온 권위가 졸지에 무너지는 듯한 위기감을 느꼈기 때문이기도 했지만, 내가 더 크게 당황했던 데는 사실 이유가 있었다. 나는 A에게 '은밀한 감정'을 갖고 있던 터였다. 그러나 나는 '운동권'에, '엄격한 선배'였다. 게다가 평소 입만 열면 '시국의 엄중함'과 '사적인 것의 부도덕함을 규탄'해 오지 않았던가. 그깟 연애 감정이라니! 죽는 날까지 깊이 감춰 둘 일이었다. A에게는 물론 후배들에게 행여나 그 추잡한(!) 속내가 드러날까 수시로 긴장했다. 감추고자 하는 만큼 오히려 더 냉정히 A를 대했던 것 같다. 그런데 A의 고백은 그런 나의 속내를 정통으로 꿰뚫는 듯했다. 1초가 몇 시간 같던 그 순간에도 온통 어떻게 하면 위신을 지킬 수 있을까 뿐이었다. 이미 등짝에선 식은땀이 흘렀지만, 나는 애써 위엄을 갖춰 낮은 목소리로 말했다.

"네 애정을 사회화시켜라. 시국이 어느 시국인데 그런 사치를 부리냐. 나가라." A가 그때 보인 눈물과 나를 바라보던 그 눈초리를 나는 지금도 잊지 못한다. "선배, 그런 멋진 말, 나도 할 줄 알아요. 사람을 잘못 봤네요. 실망입니다." 방문을 나가며 내게 뱉었던 A의 말이 소위 '민족해방'과 '민중민주주의'라는 대의로 그럴듯하게 포장된 나의 '거짓'과 '허풍'과 '위선'과 '싸구려'를 한껏 경멸하고 조롱한 것임을 나는 한참이나 지난 후에야 깨우쳤다.

나는 대체 무슨 짓을 한 것인가. 삶의 비극도 지나고 나면 희극으로 남는다지만, 내 삶에서 '1987'은 오로지 부끄러움만으로 남겨졌다. 오늘처럼 매서운 겨울바람이 창밖에서 쇳소리를 내며 지날 때면, '1987' 즈음 그 겨울밤의 수치스러운 기억이 스르륵 나타났다가 사라지곤 한다. 마치 겨울 나그네처럼.

## 세미나 참고 자료

장준환 감독(2017), 영화 〈1987〉
네이버 영화 예고편 저장소, 〈1987〉 티저 예고편,
네이버, 〈https://tv.naver.com/v/2274910/list/180135〉

# 다시 4·16, 그리고 어버이날

이른 새벽, 잠에서 깼습니다. 언제부턴가 부쩍 잠자리가 편치 않았습니다. 불면에 시달리는가 하면, 잠깐이라도 눈을 붙일라치면 거의 어김없이 꿈을 꿉니다. 무언가에 쫓기거나 길을 헤매는 꿈입니다. 가위눌려 소리를 지르다 깨는 경우도 잦습니다. 4년 전 '그날' 이후 나타난 변화입니다. 20대에 들어서자마자 겪은 광주의 충격 이래 제 삶에 짙게 드리운 또 하나의 그림자인 셈입니다. 어디 저뿐이겠습니까. 엊그제도 달아난 잠이 돌아오질 않아 하릴없이 휴대전화를 만지작거리는데, 마침 메시지가 옵니다. 떨어져 지내는 아들 녀석이 곧 어버이날이 다가온다고 보내온 거네요. 평소 통화조차 쉽지 않았는데 웬일로 이번에는 장문의 편지입니다.

"한국은 어버이날이 멀지 않았네. 가끔 동영상 보다 보니 '부모님한테 꼭 했어야 할 말이 있는데 못 했던 게 가장 마음에 걸린다' 이런 말들이 자주 나오더라고." 아들의 편지는 이렇게 시작합니다. 이어 "부모님처럼은 안 돼야지, 하는 애들을 주변에서 많이 봤는데, 내 엄마와 아빠는 항상 나의 롤 모델이었고, 먼이야기겠지만 내 자식에게도 꼭 아빠 같은 아빠가 되었으면 하는 게 내 바람"이라며 "계정 비밀번호 찾기용 질문은 항상 '존경하는 사람은?'이었고, 답변은 '아빠/아버지'였다"고 고백합니다. 편지는 "사랑하고 항상 보고 싶고 건강하게 지내시길" 하면서 끝납니다.

어찌 보면 입에 발린, 그리고 의례적인 이 편지가 이날따라 어떤 기시감을 느끼게 하였습니다. 동시에 그동안 눌려 있던 감정이 터져 나오기 시작했습니다. 마치 내 아이가 지금 세월호에 갇힌 채, 제 아비에게 마지막으로 보내는 편지인 양 느껴졌습니다. 눈물이 주체할 수 없이 쏟아져 나왔습니다. 미안함, 죄책감, 무력감, 부끄러움과 애틋함, 그리움, 사랑스러움… 특정할 수 없는 숱한 감정들이 헝클어진 채 한꺼번에 몰려나왔습니다. 한밤중 난데없는 흐느낌에 아내가 놀라 깨었습니다.

얼마 안 있으면 어버이날을 맞습니다. 세상의 어머니와 아버지들은 카네이션을 달고 이날만큼은 웃음을 나누시겠지요. 그러나 다른 한편에선 단 하루치의 행복조차 누리지 못하는 이웃이 있음을 기억합니다. 어버이날을 앞두고 세월호 사건으로 아이를 잃은 어버이의 마음을 헤아려 봅니다. 그 비통함을 무엇에 견줄 수 있을까요. 세월호는 영원히 지워지지 않을 우리 모두의 통점痛點이 되어 남겨졌습니다.

우리는 7년 전 오늘 배 안에서 우리 자식들이 보내온 마지막 편지를 아직 받질 못했습니다. 손가락이 짓물러지도록 애타게 보내려 한 문자 편지 말입니다. 그 편지는 틀림없이 "부모님한테 꼭 해야 할 말이 있는데 못 했던 게 가장 마음에 걸린다"로 시작해 "엄마와 아빠, 세상에서 제일 사랑하고 보고 싶고 건강하게 지내시길" 하면서 맺었을 것입니다. 보이지 않고 잡히지 않더라도, 돌아오는 어버이날엔 아이들이 보내온 천상의 편지와 천상의 카네이션이 유가족뿐만 아니라 세상의 모든 어버이 가슴에 아로새겨지리라 믿습니다. 다시 4·16이고, 다시 어버이날입니다. 잊지 않겠습니다.

## 세미나 참고 자료

박민규(2014), 「눈먼 자들의 국가」, 『눈먼 자들의 국가』 중, 문학동네.
문학동네, ⟨https://www.munhak.com/book/view.php?dtype=brand&id=9719⟩

# 양심의 자유와 병역의무

군대는 전쟁을 위해 존재한다. 평화를 위한 억지력이라고 주장할 수도 있겠다. 그러나 정체성을 무엇으로 규정하든 합법적으로 용인된 국가의 물리력, 또는 국가에 의해 정당화된 폭력 기구라는 본성을 부인하기는 어렵다. 그래서 개인의 살인은 중범죄로 처벌하면서, 군대의 (적에 대한) 살인 행위는 권장되고 전쟁 영웅으로까지 추앙받는다.

군대라는 물리력을 용인하는 까닭은, 그것이 없을 경우 어떤 위해나 폭력 앞에 개인들이 속수무책으로 노출될 수밖에 없고, 이는 각자도생의 자기 무장을 강화해 세상이 아수라장으로 전락할지도 모른다는 우려 때문일 것이다. 토마스 홉스는 일찍이 '리바이어던 국가'를 통해 이런 딜레마를 시사했다. 존엄성을 지키기 위해 존엄성을 포기해야 하고, 권리를 반납해야만 권리가 보장된다는 모순과 역설의 한가운데에 바로 국방의 의무가 있고 병역법이 있다.

헌법재판소는 2018년 6월 28일, 병역법 제88조(입영의 기피 등) 제1항에 대해서 합헌 결정을 내린 반면, 동법 제5조(병역의 종류) 제1항에 대해서는 헌법 불합치 결정을 내렸다. 병역은 거역할 수 없는 국민의 의무라고 재확인하면서도, 대체 복무제를 마련하지 않은 것은 양심의 자유를 침해한다고 판단한 것이다.

헌재의 이번 판단은 분명 진일보한 측면이 있다. 그러나 국가안보와 양심의 자유가 경합할 때 어느 가치가 우선하는지, 본질적인 문제에 대해서는 기존 입장에서 한 치도 물러서지 않았다. 국가안보 앞에 한가한 소리 말라는 것이다. 대한민국헌법 제37조에 "국민의 모든 자유와 권리는 국가안전보장·질서유지 또는 공공복리를 위하여 필요한 경우에 한하여 법률로써 제한할 수 있"다고 하였으니, 안전보장을 위해 국민의 자유와 권리를 제한하는 게 대체 뭐가 문제냐고 묻는 분이 계실지 모르겠다. 그럴수록 해당 헌법 조항을 사려 깊게 읽어 볼 필요가 있다.

헌법 제37조는 "국민의 자유와 권리는 헌법에 열거되지 아니한 이유로 경시되지 아니한다"고 전제하면서 그 후단에 "제한하는 경우에도 자유와 권리의 본질적인 내용을 침해할 수 없다"고 못 박고 있다. 다시 묻자. '양심의 자유'는 '국가안보' 앞에서 뒷전으로 물리는 게 당연한가? 양심은 '자유와 권리'의 본질적 내용이 아닌가?

일찍이 헌법재판소는 "양심이란 어떠한 일의 옳고 그름을 판단하는 데 있어서 그렇게 행동하지 않고서는 자신의 인격적 존재 가치가 허물어지고 말 것이라는 강력하고도 진지한 마음의 소리"라고 해석한 바 있다. 국제 인권 사회도 이미 국가안보의 개념을 '군사안보'Military Security에서 '인간안보'Human Security로 발전시켰다. 안보란 개인의 존엄성을 제한하는 것으로 이뤄지는 게 아니라, 거꾸로 개인의 존엄성을 두껍게 보장할 때 실현된다고 본 것이다.

국가안보의 초석이 애국심이라면, 그 애국심이 국기에 대한 맹세처럼 주권자의 양심을 강제해서가 아니라, 나의 양심을 존중하는 국가에 대한 애정과 신뢰에서 비롯된다는 상식을 곱씹을 필요가 있다. 병역 면탈이 그 바닥의 관행인 '왕후장상의 씨'에게는 후하게 적용되는 의무의 잣대가 왜 힘없는 우리에겐 그리 엄격할까에 대해서는 논외로 치더라도 말이다.

## 세미나 참고 자료

병역법 제88조 제1항 등 위헌소원 등(헌재 2018. 6. 28.
2011헌바379 등)
헌법재판소, <http://search.ccourt.go.kr/ths/pr/
ths_pr0103_P1.do?seq=0&eventNo=2011헌바
379&pubFlag=0&cld=010300>

# 서울민주주의위원회

서울시가 2019년 5월 '서울특별시 시민민주주의 기본 조례'를 제정했다. 이 조례는 시민민주주의 가치 실현에 필요한 사항을 규정하고 관련 정책을 추진하기 위해 '서울민주주의위원회'를 설치하는 것을 골자로 하고 있다.

　서울민주주의위원회는 시민민주주의 정책을 개발하고 시민 참여를 통한 시민 의사의 반영과 공론화를 도모하는 한편, 시민사회 성장을 위한 교육과 연구 활동 등을 수행하는 '합의제 행정기관'이다. 전례가 없어 낯설기만 한 이 합의제 행정기관은 지자체의 사무 중 '고도의 독립성'이 요구되는 일을 수행하기 위해 지방자치법 제116조와 동법 시행령 제79조에 따라 설치하는 거버넌스 기구다.

서울시를 비롯해 각 지자체는 수백 개에 달하는 각종 자문위원회를 설치, 운영하고 있다. 시정에 시민사회의 전문성을 반영하여 협치를 도모한다는 명분과는 달리, 실상을 보면 행정청의 필요에 따라 시민사회의 자원을 '적당히 쓰고 버리는' 일이 다반사다. 그래서 각종 자문위원회는 거버넌스를 가장한 알리바이 기구, 기껏해야 행정청의 하청 용역업체 정도의 위상을 면치 못하고 있다. 왜 이런 문제가 벌어질까.

여러 이유가 있겠지만, 자문 의견이 정책 집행에 실제 반영되도록 하는 이행 시스템이 마련되지 못한 탓이 크다. 그러니 위원회의 자문에도 불구하고 "너는 떠들어라, 나는 간다"는 식의 관료적 일방주의가 협치의 가면을 쓴 채 버젓이 벌어지기도 한다.

십여 년 전 무너져 가는 국가인권위원회를 박차고 나온 이후 나는 전국을 다니며 지자체의 인권 행정을 위해 나름 사명감을 갖고 노력해 왔다. 그 요체는 인권 행정은 헌법의 명령이므로 지자체 사무의 일부가 아니라 전부이며, 인권 기구는 독립적이고 실효적으로 설치, 운영돼야 한다는 것이었다. 그러나 어느 지자체도 인권 기구의 독립성을 이해하지 못했으며, 거버넌스 기구의 실효적 활동을 원치 않았다. 그저 시끄럽게 굴지나 않았으면 하는 기색이 역력했다.

서울시가 서울민주주의위원회를 합의제 행정기관으로 설치하면 사실상 전국 최초로 새로운 실효적 민관 협치의 틀을 마련하게 되는 셈이다. 여타 자문기구와 달리 자체 사무국을 갖춰 이행력을 확보할 수 있기 때문이다. 환영할 만한 일이다. 다른 지자체에도 적지 않은 영향을 줄 것으로 기대된다.

이참에 민주주의의 상상력을 더 넓고 깊게 펼쳐 보자. 예컨대 서울민주주의위원회의 위원을 서울시민 가운데 무작위 추첨으로 선발하여 시장이 위촉하되, 그 위상을 시장 위에 두도록 해서 "시민이 시장이다"라는 구호를 실제화하면 어떨까. 도시 개발이나 복지 정책과 같은 서울시의 주요 시정에 대한 시민 참여를 제도화하여 직접민주주의를 실현하는 것이다. 혹은 '서울시 인권과 민주주의 조례'로 발전시켜 기존의 서울시 인권위원회, 시민인권 보호관 제도와 일원화하는 것도 고려해 볼 수 있겠다. 서울시의 인권, 민주, 자치, 분권, 참여, 협치를 통합적으로 구현할 거버넌스 기구의 마중물로 이 위원회가 튼실히 자리 잡길 바란다.

## 세미나 참고 자료

서울특별시 시민민주주의 기본 조례
국가법령정보센터, 〈https://law.go.kr/LSW/ordinInfoP.
do?ordinSeq=1394331〉

# 국가 폭력의 대국민 반성문

12월 10일은 세계인권선언의 공표를 기념하는 '세계 인권의 날'이다. 세계인권선언문은 "인류 가족 모든 구성원의 고유한 존엄성과 평등하고 양도할 수 없는 권리를 인정하는 것이 세계의 자유, 정의, 평화의 기초"이며 "인권에 대한 무시와 경멸은 인류의 양심을 짓밟는 야만적 행위"라고 천명하면서 시작한다. 선언은 유엔의 9대 인권협약 체계를 창설하는 데에 규범적 기초가 되었고, 이를 통해 인권이 인류의 평화(안전보장이사회)와 번영(경제사회이사회)에 필수적인 대전제라는 점을 누구도 부정할 수 없게 되었다.

고의인지 우연인지는 모르겠으나 세계인권선언문을 살펴보면 모호한 구석이 발견된다. 인류가 인류에게 반성하고 선언하는 모양새를 띠고 있기 때문이다. 누가 누구를 향해 인간 존엄성을 외치고 있는지, 인권을 무시하고 경멸하는 자가 누군지, 양심을 짓밟는 야만적인 행위를 자행한 자의 실체가 무엇인지, 말하자면 인권 침해를 야기한 당사자를 특정하지 않고 있다. 과연 세계인권선언이 천명하는 권리의 주체(또는 피해자)는 누구고, 책무자(또는 가해자)는 누구인가. 인류의 약속이라고? 그저 인류 모두가 "내 탓이오!" 하면서 서로 반성하고 착하게 살자는 얘기인가?

양차 세계대전으로 목숨을 잃은 사람은 무려 6천만 명을 넘어선다. 민간인 희생자만도 3천만 명이 넘는다. 그런데 가장 큰 피해자인 '인류'가 반성해야 할까. 사람들이 어느 날 일제히 테스토스테론이 치솟아 전쟁이 발발했다면 그게 맞다. 그러나 전쟁은 국가 폭력의 극단적인 형태이기도 하거니와, 제국주의 국가의 패권적 경쟁에 무고한 인류가 희생된 게 바로 양차대전 아닌가. 그런데 선언문은 아무리 뜯어봐도 피해자는 명확한데 가해자가 아리송하다.

대개 인권 침해의 가해자들은 한결같이 "나도 피해자"라고 항변한다. 이것의 확장 버전은 "우리 모두에게 책임이 있으니, 아픈 과거 자꾸 들쑤시지 말고 미래를 향해 마음을 모아 함께 나가자"고 둘러대는 것이다. 너도나도 모두 반성하자고 퉁

친다. 가해를 은폐하고 피해는 실종시킨다.

양차 세계대전을 촉발하고 인권 침해를 한 당사자는 폭정과 억압을 일삼은 불의한 국가권력이다. 세계인권선언도 그 전문에서 "인민들이 폭정과 억압에 견디다 못해 마지막 수단으로서 반란에 호소하지 않게 하려면 인권이 평소 법의 지배에 의하여 보호됨이 필수적"이라고 적시하지 않았는가. 인권은 우아하고 고상한 상황에서 태어난 게 아니다. 피 냄새 물씬 풍기는 학살과 고문, 투옥과 저항의 살벌한 역사 속에서 피어난 것이다. '생활 밀착형 인권', '역지사지' 따위로 인권을 탈정치화하는 것은 그래서 다분히 기만적이고, 그만큼 불온하다. "인권은 탄생 자체가 모든 형태의 억압 권력에 저항하는 담론으로부터 출발했다."(조효제, 『인권의 문법』)

이제까지 세계인권선언을 흔히 '인류의 반성문' 또는 '인류의 양심선언'이라고 일컬어 왔다. 이는 정정되어야 마땅하다. '국가 폭력의 대국민 반성문'으로.

## 세미나 참고 자료

**세계인권선언 전문(1948)**
유엔인권고등판무관(OHCHR), "Universal Declaration of Human Rights"(한국어), <https://www.ohchr.org/EN/UDHR/Pages/Language.aspx?LangID=kkn>

# 행복 총량의 법칙

김두식 교수의 책 『불편해도 괜찮아』에는 '지랄 총량의 법칙'
이라는 말이 나온다. 이 '생경한' 말을 오해 없도록 풀어 드리면
이렇다. 사람은 누구나 저마다의 타고난 '지랄'의 총량이 있게
마련이다. 이 지랄이라는 것이 대개 생애 주기상 사춘기 때 폭
발적으로 발현되는 법이어서 아이들이 사춘기에 지랄 좀 떨기
로서니 너무 슬퍼하거나 낙심하거나 분노할 일은 아니라는 것
이다.

성장통을 빗댄 이 기발한 작명을 차용해 요즘 비슷한 용어
들이 종종 나타나고 있는데, 이를테면 '행복 총량의 법칙' 또는
'고통 총량의 법칙' 등이 그것이다. 누구나 저마다의 타고난 행
복 또는 고통의 총량이 있게 마련이라는 것이다. 지금 내가 행

복하다면 그것은 곧 내 평생 주어진 행복 총량의 감소를 뜻하므로 이제 다가오는 고통에 예비할 필요가 있다는 것이고, 반대로 지금 너무 고통스럽다면 그 고통의 강도만큼이나 나에게 주어진 고통 총량의 소진을 의미하는 것이니 이제 곧 행복해질 징조라는 얘기다. 이런 말들에 공감하고 위로를 받는 사람이 적지 않은 모양이다.

삶이 각박하고 미래가 암울할 때일수록 "생활이 그대를 속일지라도 슬퍼하거나 노여워하지 말라", "아프니까 청춘이다"라는 식의 생활 경구들이 회자된다. 그만큼 고통을 겪는 사람들이 적지 않다는 방증일 것이다. 이런 메시지는 마약류 진통제처럼 현실의 고통을 잠시나마 잊게 해 줄 뿐 아니라 마치 심리적 보상을 받는 것 같은 착각과 위로를 느끼게 한다.

그런데 심리적 착각에 빠진다고 현실의 고통이 사라질까. 고통의 서사와 맥락이 지워진 채 회심回心만을 소환하게 될 때 우리는 종종 비현실적 기만의 함정에 빠지고 만다. 나의 행복과 불행이 단지 마음먹기에 달렸다면 그나마 얼마나 다행스러운 일인가. 게다가 불행의 총량이 정해져 있어 비록 지금은 고통스러울지라도 언젠가는 반드시 행복으로 보상될 것이라면 이따위 고통이 대수겠는가. 고통의 호소는 참을성 없는 엄살로 전락하고, 그 고통에 연대하는 이들의 숭고한 수고도 허망한 일이 되고 만다.

행복과 불행이 저마다 개인의 운명이 아니라면, 그리고 마음 먹기에 따라 달라지는 게 아니라면, 우리는 고통의 실체, 불행의 맥락을 직시할 필요가 있다. 사실 지랄도, 불행도, 고통도 내 운명 가운데 총량으로 주어진 게 아니라 내가 속한 사회 속에 총량으로 존재하는 게 아니겠는가. 그런데 사회적으로 구성된 거대한 지랄, 고통, 불행 들은 배설의 비상구를 찾아 배회하다가 가장 취약한 고리를 찾아 뚫고 분출된다. 불행은 사회적으로 구성되지만, 애꿎게도 가장 취약한 사람들이 독박을 쓰는 서사가 만들어지는 것이다.

그런 맥락에서 사회적 약자와 소수자는 존재 자체로 우리의 죄를 대속하는 이들이다. 우리가 사회적 약자와 소수자들이 겪는 고통에 동참하는 것은 단지 자애와 긍휼심의 발로가 아니다. 마땅히 짊어져야 할 제 책임을 회피하지 않겠다는 양심의 결단인 셈이다. 그들의 고통에 나의 책임을 묻는 것, 이것이 사람 사는 세상의 최소한의 도리 아니겠는가.

## 세미나 참고 자료

김두식(2010), 『불편해도 괜찮아』, 창비.
창비, 〈https://www.changbi.com/books/9823?board_id=5583〉

머니투데이, '2021 대한민국 사회안전지수',
〈https://www.mt.co.kr/ksi/〉

# 시민권과 디케의 행방불명

정의의 여신 '디케'Dike는 두 손에 '칼'과 '천칭'을 들고 있다. 칼은 '(과정의) 공정성'을, 천칭은 '(기회의) 공평성'을 상징한다. 공정과 공평, 즉 자유와 평등의 조화로운 결합이 곧 '정의'라는 뜻이다. "기회는 평등할 것이고, 과정은 공정할 것이며, 결과는 정의로울 것"이라는 문재인 대통령의 말도 같은 얘기겠다. 정의 실현은 국가의 핵심적인 사명이다. 시민혁명으로 확립된 시민권 체제는 국가에 "자유와 평등의 실현을 통해 정의를 구현하라"는 사명을 부여했다.

그러나 '인간과 시민의 권리선언'을 내세우며 확립된 시민권 체제는 실상 모든 인간이 아닌, 시민이라는 일정한 자격과 능력을 가진 인간만이 존엄과 가치를 향유하게 했다. 이를테면 '인간'과 '시민'의 분리가 시민권 체제의 유전자로 새겨진 것이다. 국가는 과연 누구의 편에서, 어떤 정의를 실현하는가?

먼저 시민은 누구인지, 시민은 과연 보편적 인간 모두를 포함하는지 되묻자. 제1차 인권 혁명을 통해 제3신분인 '시민'Bourgeois은 당시 인구의 절대다수를 차지했던 제4신분sans culottes을 철저히 배제한 가운데 정치권력 장악에 성공했다. 파리 코뮌의 실패는 '시민의 존엄성'과 '인간의 존엄성'이 한 몸이 아니라는 것을 각성시킨 상징적 사건이다. 시민을 주권자로 선언한 국민국가는 출발부터 차별적이었던 셈이다. 영어 '시티즌'citizen의 어원인 라틴어 civis도 당시 노예를 배제한 자유민自由民만을 가리키지 않는가.

시민권이 평등을 저버리고 자유만을 강조해 온 까닭은 애초부터 소유의 자유, 즉 재산권을 금과옥조로 여겨 온 시민의 계급적 이해를 반영한 데 있다. 이는 오늘날 부의 편중과 세습, 양극화, 기울어진 운동장 등으로 상징되는 신자유주의로 귀결됐고, 이로써 기회의 공평성과 과정의 공정성은 사실상 실종되기에 이르렀다. '세습 신분제 사회의 부활'을 경고한 T. 피케티의 연구는 "부모 잘 만나는 것도 능력"이라는 말로 정확히 증명된다. 이제 시민권 안에서는 사회적 약자가, 시민권 밖에서는 사회적 소수자가 양산되고 있다. 시민권 안팎에서 벌어지는 약자 차별과 소수자 배제는 곧 시민권의 자기부정이다. 이런 가운데 정의가 온전할 리 없다. 시민권 체제에서 디케는 행방이 묘연해진 것이다.

언제부터인가 시민, 시민사회, 시민단체, 시민운동이라는 말이 진보를 함의하는 보통명사로 통용되어 왔다. 한때 인민, 민중이라는 말도 회자되기는 했지만 결국 시민이라는 '온건한' 용어만이 살아남았다. 반공주의가 내면화되면서 스스로 사상적 검열을 피하지 못한 탓도 있을 것이다. 그러나 어쨌든 교육이 공공재보다 사유재로 간주될 때, 학교가 민주 시민 양성보다 입시 경쟁력을 중시할 때, 지하철 노조의 파업을 시민의 발을 볼모로 투쟁한다고 비난할 때, 증세를 세금 폭탄이라고 여길 때, 그 시민에겐 인류 진보의 보편성은커녕 일찍이 혁명 동지였던 제4신분을 배반하고 계급적 이해를 시민민주주의로 분칠했던 바로 그 위선적인 시민만이 있을 뿐이다.

인간과 시민을 애써 구분하고 사회적 약자와 소수자에 대한 차별과 배제를 당연시하는 이기적 시민에게는, 그럴수록 부동산 광풍과 사교육과 갑질은 너무나 평범한 일상이 된다. 당신은 어떤 시민인가.

## 세미나 참고 자료

E. J. 시에예스(2003), 『제3신분이란 무엇인가』, 박인수 옮김, 책세상.
책세상, 〈https://chaeksesang.com/book/12459/〉

# 기후변화와 시민적 덕성

겨우내 실내 온도를 20도에 맞추고 산 지 꽤 된다. 물론 춥다. 그러나 견디지 못할 정도는 아니다. 가끔 방문하는 친지들이 "불 좀 때고 살아라" 하며 핀잔을 주곤 하지만, 이것은 근검절약만의 문제가 아니다. 에너지를 값싸게 맘껏 쓴다는 것은 곧 현 세대에 대한 착취이자 나아가 미래 세대의 몫까지 빼앗는 짓이기도 하다. 우리 가족이 40도에 육박하는 더위에도 아직 에어컨을 집에 들이지 않고 버티는 이유이기도 하다. 에어컨은 자신이 감당해야 할 열기를 내 울타리 밖으로 뱉어 낸다는 점에서 '공유지의 비극'을 연상시킨다. 게다가 전기 에너지는 현세의 최고급 가공 에너지 아닌가.

"광화문 광장에 거대한 공기 정화기를 설치한다", "고등어를 굽지 말라", "원전과 같은 청정에너지 생산 비중을 더 늘려야 한다"는 따위의, 높으신 분들의 고상한 처방에 비하면 형편 없이 초라한 소시민적인 노력일 수도 있겠다. 그런데 이런 알량한 소시민적인 노력조차 지켜 나갈 자신감을 점점 잃어 가고 있다. 오래전 지문 등록 거부로 주민증 없이 10여 년을 버티다 결국 항복하고 말았던 그 굴욕적 기시감이 점점 다가오고 있다. 과연 올여름에도 에어컨 없이 버틸 수 있을까.

'24시간 총알 배송'을 넘어 '새벽 배송'으로 누리는 편리 뒤엔 철야 노동을 감내해야만 하는 누군가의 수고가 숨어 있게 마련이고, '쌀값 안정' 속엔 생산자 농민의 한숨이, 값싼 전기료의 뒤편엔 비정규직 청년 김용균의 죽음이 있다는 사실을 기억해야 한다. 소비는 구매 능력으로서가 아니라 생산자의 노고가 있으므로 존재한다. 오늘날 '보이지 않는 손'은 노동이지, 시장의 자율이 아니다. 꼰대스럽다고 야유를 받을지언정, 밥 한 알을 넘기면서도 농민의 수고를 기억해야 하고, 양말을 신으면서도 이것을 만든 노동자의 손길을 기억해야 하는 이유가 있다. 나의 소비가 타인의 노동 앞에서 겸손하지 않으면 결국 사람값이 갯값이 되고, 삶이 상품의 노예로 전락한다. 시장이 윤리를 등지고 이윤과 편의만으로 치달을 때 자연과 사람에 대한 야만적인 착취는 피할 수 없게 된다. 애덤 스미스가 왜 『국부론』에 앞서 『도덕 감정론』을 강조하였겠는가.

원전(핵발전)은 세대 간 착취라는 점에서 더욱 악질적이다. 원전이 청정에너지라는 생각은 나의 풍요와 안락함의 대가를 미래 세대에게 전가하겠다는 패륜적인 것이다. 내가 당장 궁핍하더라도 자식만큼은 보다 나은 세상에 살게 하고픈 게 부모 된 도리 아니겠나. 그러나 언제부터인가 우리는 나의 편의를 위해 이웃을 저버리고 그것을 넘어 다음 세대의 것을 탐욕하고 있다. 그것도 모자라 이젠 당대의 쓰레기를 후대에 넘기려 하고 있다.

오늘도 세상이 온통 뿌옇고 숨이 막힌다. 찬란한 햇볕과 싱그러운 대지, 녹색의 향연이 황홀한 봄날은 과연 살아생전에 다시 맞을 수 있을지 모르겠다. 이제 미세먼지와 기후변화에 대응하는 시민적 덕성이 절박하게 요청되고 있다. 비록 소시민적 자구책일망정 나의 편의를 다만 조금씩이라도 접어야 한다. 내가 겪는 불편만큼 인류가 살고 다음 세대가 산다. 각자도생 말고 같이 좀 살자.

## 세미나 참고 자료

시민환경연구소, <http://ecoinstitute.re.kr>

기후변화행동연구소, <http://climateaction.re.kr>

한재각(2021), 『기후정의』, 한티재.
한티재 온라인 책창고, <https://hantijae-bookstore.com/
book=119>

탈핵신문 엮음, 김현우·안재훈·이영경·이헌석·임성희(2021),
『기후위기와 탈핵』, 한티재.
한티재 온라인 책창고, <https://hantijae-bookstore.com/
book=118>

# 말의 명징성과 삶의 책임성

"본 차로는 향후 버스전용차로로 운영되어지는 차로입니다."
경기도 파주의 운정 신도시엔 이같이 안내하는 도로 표지판
이 곳곳에 있다. 그런데 '운영되어지는'이라니? 엉터리 외국
어 직역문에서나 볼 수 있는 이중 피동을 썼다. '되다'도 아
니고 '하다'도 아닌, '되어지다'라니. 우리말에 이런 표현은
없다. 도로표지판 같은 공공 설치물에 대문짝만 하게 게시될
문구라면 여러 사람들이 검토했을 것이다. 주무관이 기안을
했다면 사무관이 검토했을 것이고 서기관이나 담당 과장, 국
장, 시장의 순으로 결재했을 것이다. 의회의 승인도 받았을
것이다. 그 과정에서 누구 하나 우리말 용례에 어긋나는 저
괴상한 문구를 바로잡지 않았다. 씁쓸한 일이다. 그러나 이

문제는 단지 '문장강화'文章講話라는 관료의 기본 교양에만 그치지 않는다.

혹시 우리는 피동형 표현을 빌려 삶에 대한 자기 책임성을 은연중에 면피하고 있진 않은가. '운영할'이라는 말이 '운영될'이라는 말로 바뀌는 순간, 행위자의 의지와 책임성은 무화되고 만다. 책임은 가공의 어떤 절대의지(구조/시스템)에게 있을지언정 결코 화자가 질 일이 아니다. '간다'가 '가게 된다'로, '생각한다'가 '생각된다'로, '느낀다'가 '느껴진다'로, 각각 능동이 피동으로 전환되는 순간 언어의 주인은 지워지고 행위의 주체성과 책임성도 제 길을 잃고 만다. 하물며 이중 피동인 다음에야.

그래서일까. 요즘 들어 부쩍 더 모호한 언어들이 난무한다. 그 대표적 사례로 '~ 같아요'가 있다. (날씨가, 기분이, 여행이, 바다가) 좋으면 좋았지, (날씨가, 기분이, 여행이, 바다가) '좋은 것 같아요'라니. 대체 이 무슨 개념 없고 무책임한 말인가. 자기 의견을 숨김없이 드러내는 것이 가뜩이나 살벌하고 험한 세상에 얼마나 위험한 일인지 사람들은 경험으로 깨달았기 때문일까. 제 의견인데도 마치 평론가의 객관적인 논평인 양, 너도나도 '~ 같아요'를 남발한다. 언론조차 '~라는 평가다'라는 식으로 주관을 객관으로 위장하면서 화자의 책임을 증발시킨다.

'생각한다'는 말이 '생각된다'는 피동태와 '생각되는 것 같아요'라는 모호한 표현을 넘어, 심지어 '생각되어지는 것 같아요'라는 정체불명의 언어로 변질되면서 세상을 향해 말하는 만큼 짊어져야 할 화자의 책임은 완전히 방면된다. 게다가 존재와 의식이 분리된 언어, 주어가 없는 말, 내 입을 빌렸지만 타자화된 언어가 자신의 언어인 양 착시가 나타난다. 이 과정에서 '나'와 '타자화된 나' 사이에 분열이 일어나고, 수시로 '타자화된 나'가 '나'를 전복시키기도 한다. '허위의 나'가 나를 대신하는 착란 상태에 빠지고 마는 것인데, 요즘 회자되는 가짜 뉴스는 물론 종북, 좌파라는 말의 대량 유통도 바로 그런 사례라고 할 수 있겠다.

삶과 언어가 분리되면 독립된 주체로서 존재하기는커녕 정체성의 해체를 맞는다. 그 결과 거짓된 위선이나 허황된 과대망상에 빠지거나 어떤 맹신의 노예로 전락하고 만다. 언어는 의식과 사고를 지배하면서 동시에 이를 반영한다. 우리는 지금 누구의 언어로 누구의 삶을 살고 있는가.

## 세미나 참고 자료

 마르틴 하이데거(1998), 『존재와 시간』, 이기상 옮김, 까치.
"언어는 존재의 집"
까치글방, 〈http://www.kachibooks.co.kr/sub/view.
htm?page=&list_limit=&desc_type=&category1_
code=&category2_code=&jaeum_type=&search_type=tot
al&key=%C1%B8%C0%E7%BF%CD+%BD%C3%B0%A
3&view_type=search&book_code=18〉

# 정죄당하는 차이, 차별

"여름 내내 개미가 열심히 일하는 동안 베짱이는 노래만 불렀습니다. 개미는 '어쩌려고 저렇게 빈둥빈둥 놀기만 할까' 걱정도 됐지만 다른 한편으론 두고 보자 하는 억한 심정도 없지 않았습니다. 겨울이 되자 먹을 것이 없어진 베짱이는 개미를 찾아가 도움을 청했습니다. 개미가 퉁명스레 묻습니다. '내가 죽도록 땀 흘려 일할 때 너는 대체 무얼 했는데? 너같이 게으른 놈에겐 적선도 사치야!' 문전박대를 당한 베짱이는 지난날을 후회하며 추위와 배고픔 속에 죽습니다." 누구나 다 아는 개미와 베짱이 이야기다. 어릴 적 이 우화를 접했을 때, 성실한 개미와 게으른 베짱이의 대비가 공포스레 뇌리에 박혔다. "일하지 않는 자, 먹지도 말라!"

그런데 과연 개미는 부지런하고, 베짱이는 게으를까? 또 부지런히 일하는 것만 미덕이고 노는 것은 악덕인가? 베짱이의 노래는 노는 것일까? 그래서 베짱이도 개미처럼 살아야 옳을까? 아니다. 이는 애초 비교 대상이 될 수 없는 두 개체를 기계적으로 단순 비교한 것부터 엇나갔다. 정체성이 서로 다른 개체를 한쪽의 잣대로만 비교하니 엉뚱하게도 우열과 정오正誤로 나뉠 수밖에. 같은 것은 같게, 다른 것은 다르게 여겨질 않았다. 게다가 사실의 왜곡도 적지 않다. 실제 일하는 개미는 전체의 20~30퍼센트 남짓밖에 안 된단다.

주변을 살펴보면 다양한 주체들 간의 조화, 협동, 공존, 상생의 가치들은 백안시되고 획일적 기준에 의한 배제와 차별이 난무한다. 다른 것에 대한 존중이 사라지고 있다. 일치는 선이고 다양성은 혼란이다. 차이는 차별로 둔갑하기 일쑤이다. 개미와 베짱이, 현재와 미래, 일과 놀이는 각각 서로 대립하는 항수가 아니다. 오히려 상호 의존적인 관계망을 형성하고 있는 것들이다. 누가 누구에게 속하고 어느 게 우선하고 나중 되는, 더군다나 옳고 그름, 우열로 나뉘는 것들이 아니라는 것이다. 베짱이가 세상에서 사라지는 순간 개미도 더 이상 살 수 없게 되는 게 자연의 이치이다. 일밖에 모르던 개미는 과로사로 생을 마감할 수도 있고, 일중독으로 자기와 가정을 등한히 해 생활이 파탄이 날 수도 있다.

차이는 다름일 뿐이다. 사물의 존재 양태일 수도 있다. 그런데 인류의 역사에서 차이는 종종 차별로 이어졌다. 주변을 살펴보면 용모가, 성이, 종교가, 이념이 다르다고 해서 차별받은 예는 숱하게 많다. 20~30년 전 우리네 삶만 돌아보아도 도무지 차이를 인정하지 않았다. 머리를 길게 기른 남자를 잡아죄다 짧게 깎아 버렸던 장발 단속이나 미니스커트 단속은 애교였다. 사상이 다르다는 이유로 숱한 사람들을 쇠창살에 가두었던 시절, '차이'는 범죄였다. 지금도 크게 다르지 않다. 획일적인 사고에 익숙해진 우리는 차이를 이유로 차별한다. '다름'을 '틀림'으로 간주한다. 틀림을 피하기 위해 편을 짜고, 같은 편끼리는 생각도 행동도 같이해야 한다고 여긴다. 다르면 바로 퇴출당하거나 왕따를 당하니 함부로 차이를 드러낼 수 없다. 차이는 약한 자에게 차별의 근거가 되지만, 강한 자에게는 우월성을 드러내는 증표가 된다. 그 차별의 감옥에 지금 성性이 단단히 갇혀 있다.

## 세미나 참고 자료

의안정보시스템, "차별금지법안(장혜영 의원 등 10인)",
〈http://likms.assembly.go.kr/bill/billDetail.do?billId=PRC_
N2K0Y0Y6O2J9K1Y0N4I2J2X1D0Y0A5〉

국가인권위원회 보도자료, "'모두를 위한 평등' 향해 담
대한 걸음 내디딜 때" "별첨-평등법 시안" 파일 참고,
〈https://www.humanrights.go.kr/site/program/board/
basicboard/view?boardtypeid=24&boardid=7605626&m
enuid=001004002001〉

# 평화의 새 시대

2000년, 단군 이래 처음으로 남북 국방장관 회담이 열렸던 때였다. 제주 공항에 도착한 북한의 김일철 인민무력부장은 비행기에서 내리자마자 마중 나온 남측 군 관계자들에게 냅다 거수경례를 올려붙였다. 순간 우리 측 군인들은 당황한 듯 경례도, 목례도, 눈인사도 아닌 엉거주춤 악수로 응대했다. 아주 어정쩡한 모습이었다. 문재인 대통령이 평양을 방문했을 때 인민군 위병대장은 거수경례와 함께 '대통령 각하'라는 최고 존칭을 힘차게 외쳤다. 만일 우리 군 장성이 김정은 위원장의 서울 방문 때 거수경례와 함께 '국무위원장 각하'라고 외쳤다면 어땠을까? 군인에게 경례란 충성의 표현인데, '반국가단체의 수괴'에게 군인이 할 짓이냐고 생난리가 벌어졌을 것이다. 노무현 정부 때 김장수라는 자는 목을 빳빳이 치켜세운 채 김정일과 악수했다는 이유 하나만으로 졸지에 '참군인의 표상'이 된 일도 있었다.

세계사적인 사건으로 기록될 6·30 북미 판문점 정상회담을 놓고, 당시 자유한국당 나경원 원내대표는 "북핵 문제에 운전자, 중재자, 촉진자라는 말은 다 필요 없다. 대한민국이 바로 당사자이고 주인"이라고 말했다. 어디서 익히 들어 본 얘기인 것 같아 확인해 보니, 지난 4월 12일 북한의 김정은 국무위원장이 최고인민회의 시정연설에서 "(남조선 당국은) 오지랖 넓은 중재자, 촉진자 행세를 할 것이 아니라 제정신을 가지고 제가 할 소리는 당당히 하면서 민족의 이익을 옹호하는 당사자가 되어야 합니다"라고 한 말과 정확히 일치하는 발언이었다. 게다가 황교안 대표는 "우리 스스로 안보와 국방을 챙기지 않는다면 북한의 통미 전술과 미국의 자국 우선주의 사이에서 심각한 위기에 직면할 수 있다"고 말함으로써, 언젠가 자유한국당 당 대표 후보 토론회에서 우리 군의 작전권 환수에 반대한다던 예의 입장을 하루아침에 뒤집었다.

바야흐로 새 시대가 도래하고 있다. 인민군대가 우리 대통령에게 '대통령 각하'를 외치고, 반북으로 먹고살아 온 야당의 원내대표가 김정은의 주장을 되풀이하는가 하면, 공안검사 출신

야당 대표의 안보관이 오락가락하는 걸 보면 작금의 한반도 상황의 변화가 그야말로 '사변적' 변화임에 틀림없겠다. 이제 북미 수교로 양국 관계가 정상화되면 한반도에서의 해양 세력과 대륙 세력 간의 힘의 균형은 이전의 양상과는 완전히 다른 새판이 만들어질 것이다.

나는 북핵 폐기보다 북한의 국제사회로의 편입이 한반도 평화에 훨씬 더 위력적일 것으로 본다. 미국으로서는 북핵을 '동결'로 매듭짓고 한반도에서의 군사·경제적 전략 거점을 확보하는 것이 훨씬 더 남는 장사일 수도 있다. 미 항모나 잠수함이 북한에 기항寄港한다고 상상해 보라. 한 세기가 넘도록 외세에 기생해 온 자들에겐 이 숨 가쁜 대변전의 상황이 필경 공포와 공황으로 다가올 것이다. 노예의 삶에 길들여지면 구속이 평화이고, 자유는 불안이며, 해방은 공포로 느끼게 마련이다.

"다른 사람들보다 더 노예가 되어 있으면서도 자기가 그들의 주인이라고 믿는 자들이 있다." 장 자크 루소의 『사회계약론』 첫머리에 나오는 말이다.

## 세미나 참고 자료

 김성경, "남북미의 상상은 현실이 됐다", 오마이뉴스, 2019. 8. 13, 〈http://www.ohmynews.com/NWS_Web/View/at_pg.aspx?CNTN_CD=A0002561785&CMPT_CD=P0010&utm_source=naver&utm_medium=newsearch&utm_campaign=naver_news〉

# 인권 탈레반

세계인권선언 전문에는 다음과 같은 구절이 나온다. "인민들이 폭정과 억압에 견디다 못해 마지막 수단으로서 반란에 호소하지 않게 하려면 인권이 평소 법의 지배에 의하여 보호됨이 필수적이며…" 여기서 '폭정과 억압'의 장본인은 과연 누구고, 또 법을 통해 누가 누구를 지배한다는 것일까? 법의 지배는 왜 인권 보호에 필수적이라고 한 것일까? 이 물음은 인권 이해에 핵심적인 열쇳말이기도 하다.

우리는 그동안 '폭정과 억압'의 장본인이 누구인지, 법치주의에서 지배의 주체가 누구고 지배의 대상이 누구인지 제대로 따져 물은 적이 없다. 폭정과 억압일망정 그저 순종은 미덕이고 저항은 불순한 것으로 여겨 왔다. 인권 주장은 기껏해야 세

222

상을 난장판으로 만드는 불온한 주의 주장일 순 있어도 '각 잡힌 세상'을 만드는 데에는 하등 쓸모없는 것으로 치부되었다. 요컨대 인성은 '싸가지 있음'으로, 인권은 '싸가지 없음'으로 간주해 온 것이다. 권력은 예나 지금이나 시민에게 공연히 권리에 한눈팔지 말고 제 의무에나 충실할 것을 요구한다. 그게 모범 국민의 마땅한 도리라는 것이다. 헌법은 국가로 하여금 주권자인 국민에게 충성을 다할 것을 명령하지만, 현실에선 거꾸로 국민이 "대한민국의 무궁한 영광을 위하여 충성을 다할 것을 다짐"해야만 한다.

행정에서 '공공의 봉사자'Public Servant라는 본질적 사명은 사라진 지 오래고, 대신 여러모로 '미욱하기 짝이 없는 민원인'(주권자가 아니다)을 '나랏님'의 선심과 재량으로 살피고 돌봐 주는 게 최선인 양 여긴다. 인권 실현이 헌법적 실천의 핵심 가치이기에 행정에 최우선으로, 최대한 고려되어야 함에도, 정작 인권 행정은 정책의 우선순위에서 늘 뒷전으로 밀려나거나, 기껏해야 여러 의제 중의 하나로 간주되고 있다.

정치인이 자신의 업적을 치장하는 소재로 인권을 호명하고 소비하는 행태도 적지 않게 나타나고 있다. 게다가 일부 선출권력자들이 '왕년의 민주화 운동 경험'을 '인권 감수성'으로 착각해 "내가 해 봐서 아는데"라는 식으로 인권에 관한 무지와 교만을 거리낌 없이 드러내기도 한다. 그 대표적 사례가 인권의 가치에 앞서 '사회적 합의'(사실은 표의 손익계산서)가 우선한다는, 참으로 어처구니없는 행태다.

언제부턴가 '인권', '성', '다양성'이라는 용어가 포함됐다는 이유 하나만으로도 법률이나 조례들이 입법 과정에서 줄줄이 퇴짜를 맞고 있다. 자기가 발의한 법률이나 조례를 스스로 철회하고 폐지하는 일까지도 벌어진다. 기가 막힐 노릇이다. 이들에겐 인권 주장이란, 대중의 정서는 무시한 채, 정치 현실을 모른 채 원칙만을 강조하는 일종의 원리주의쯤으로나 간주된다. 인류 사회가 합의한 보편적 가치가 이 땅에선 졸지에 사회 통합을 해치는 '인권 탈레반'으로 낙인찍히고 마는 것이다.

2015년 11월, 유엔 자유권협약위원회의 대한민국 정부에 대한 정례 심의에서 성소수자 차별 금지와 관련해 "민감한 인권 문제는 사회적 합의를 기다리지 않는다. 인권은 여론으로 결정하는 게 아니다"라고 한 니겔 로드리 위원의 지적은 내내 우리를 부끄럽게 한다.

## 세미나 참고 자료

 이유진, "시민이 만들고 시에서 묵살… '서울시민 인권헌장'
책으로", 2015. 12. 22, 한겨레,
〈http://www.hani.co.kr/arti/culture/book/723097.html〉

# 프랑스의 '부르카 금지법'을 둘러싼
# 인권 논란

지난 2011년 프랑스 의회는 이른바 '부르카 금지법'을 제정하였다. 이 법에 의해 프랑스에선 공공장소에서 '부르카'나 '니캅'처럼 몸 전체를 가리는 이슬람 전통 복장 착용이 전면 금지되었다. 이를 위반하면 최대 150유로의 벌금을 물게 되었다. 이슬람의 여성 전통 의상은 그 가림의 정도에 따라 몇 가지로 나뉘는데, 두건처럼 머리와 목을 감는 '히잡'hijab, 히잡보다 좀 더큰 것으로 어깨까지 가리는 '샤일라'shayla, 샤일라와 비슷하지만 길이가 더 긴 '두파타'dupatta, 얼굴을 제외하고 몸 전체를 가리는 '챠도르'chador, 눈만 제외하고 얼굴과 몸 전체를 가리는 '니캅'niqab 등이 있다. 그 가운데 '부르카'burka는 가림의 정도가 가장 큰 것으로, 눈은 망사로 가린 채 얼굴은 물론 손을 포함해 몸 전체를 가리는 것을 말한다.

당초 프랑스에서 한 이슬람 여학생이 부르카를 입고 등교한 것에 대해 당국이 벌금 처분을 내리면서 논란이 촉발되었다. 다른 나라도 아니고 '인권의 모국'이라 자부해 온 프랑스에서 웬 종교 차별이냐는 의구심이 일었고, 9·11 테러 이후 서방 국가의 중동 국가에 대한 무력 개입이 격렬해지면서 이슬람 종교까지 백안시, 적대시하는 것은 또 다른 패권주의 아니냐는 비판도 제기되었다. 그러나 다른 한편에선 부르카로 상징되는 이슬람 근본주의의 여성 인권 침해는 지탄받아 마땅하다는 반론과 '이슬람=테러'라고 해도 지나치지 않을 마당에 부르카나 니캅 속에 '자살 폭탄'을 숨길 가능성도 배제할 수 없으므로 시민의 안전을 위해 규제가 필요하다는 '안보론'까지 가세했다.

급기야 파키스탄 출신의 한 프랑스 여성이 유럽인권재판소에 '부르카 금지법'이 종교의 자유를 침해하는 차별적 제도라며 제소하기에 이르렀고, 이에 대해 2014년 7월 유럽인권재판소는 유럽인권보호조약에 위반되지 않으며 '적법'하다고 최종 판시하였다. 이 법이 특정 종교를 차별하는 게 아니라, 다양한 사람들이 어울려 사는 사회에서 '얼굴'은 사회적 상호작용에 중요한 역할을 하기 때문에 공공장소에서의 얼굴 가림을 규제하는 것은 과잉 규제로 볼 수 없다는 것이었다. 유럽인권재판소의 최종 판결에 따라 그동안 인권 침해 소지 때문에 입법을 미뤄 온 노르웨이와 덴마크도 곧 프랑스의 '부르카 금지법'과 유사한 법을 제정할 채비를 서두르고 있다.

이 유럽인권재판소의 판결은 다시금 논란을 불러일으켰다. 우선 이슬람이라는 특정 종교에 대한 차별적 판단이라는 주장과 함께, 개인의 양심, 신념의 자유는 누구도 침해할 수 없다는 비판이 인권 단체로부터 제기되었다. 한편, 유럽의 많은 여성 단체들은 이슬람의 종교적 독단이 그동안 여성 인권을 침해해 왔을 뿐만 아니라, 아예 여성의 존재 자체를 부정해 온 점을 감안하면 너무나 당연한 판결이라고 옹호했다. 인권 단체와 여성 단체가 맞붙는 형국이 벌어진 셈이다. 엇갈리는 두 입장 중 어느 쪽을 지지할지는 결국 독자들께서 선택하실 몫이겠다. 그러나 그 판단에 있어 다음의 몇 가지만큼은 참고하실 필요가 있다.

먼저 '명예 살인'의 문제이다. 명예 살인名譽殺人, honour killing이란, 가족, 부족, 공동체의 명예를 더럽혔다는 이유로 자행되는 살인 행위를 말한다. 유엔인구기금UNFPA은 전 세계적으로 많게는 연간 5,000명 내외가 명예 살인을 당하는 것으로 추정한다. 주로 여성에 대해 가해지고 있는데, 혼외 또는 혼전 성관계를 가졌다는 이유로, 남편이 사망했다는 이유로 멀쩡한 여성들을 살해한다. 심지어 여성이 이슬람 전통 의상을 버리고 노출을 했다는 이유만으로도 명예 살인이 자행되기도 한다. 가령 프랑스에 사는 이슬람 근본주의 집안의 한 여학생이 부르카 금지법을 의식해서, 또는 편의성과 미적인 선택에 의해 부르카나 니캅 대신, 티셔츠에 청바지를 입고 등교를 한다면, 그 집안의 아버지나 삼촌 같은 이들에 의해 살해당할 수도 있다는 것이다. 물론 이슬람교는 이러한 악습을 허용하고 있지 않으며, 오히려 엄격하게 금하고 있다. 이런 폭력적 악습은 이슬람교 자체의 문제라기보다는, 이슬람 원리주의자들의 경전에 대한 자의적 해석에다 지독한 가부장적 관습이 뒤섞이면서 만들어진 것으로 보는 게 더 정확하다.

그러나 어쨌든 주로 여성을 표적으로 하는 대개의 명예 살인 행위가 이슬람 문화권에서 발생하고 있는 것은 부인할 수 없는 사실이다. 따라서 이슬람 문화권 내 여성이 개인의 자유로운 선택에 의해 의복을 착용할 처지 자체가 안 된다는 현실적인 상황을 감안할 필요가 있다. 자칫 친인척에 의해 죽임을 당할 수도 있는데 어찌 개인이 자유로이 의복을 선택할 수 있겠는가. 악습을 폐지하는 데는 이론의 여지가 없지만, 아무리 '인권'을 명분으로 내세운다 해도 현실을 무시한 섣부른 법적 강제는 되려 여성 인권 침해라는 부작용을 초래할 수도 있는 것이다.

둘째로는 '라이시테'Laicite의 문제이다. 라이시테는 우리에겐 잘 알려져 있지 않은 낯선 용어인데, '톨레랑스'tolerance의 반대쪽 개념으로 '종교적 불관용' 정도로 이해하면 되겠다. 주지하다시피 프랑스 혁명은 자유, 평등, 박애라는 보편적 인권의 가치를 내세우며 발발하였다. 이 과정에서 불가피하게 구체제의 지배 계층에 대한 단죄와 제재가 수반되었다. 그런데 그 구체제의 핵심에는 성직자들도 있었다. 대혁명 이후 프랑스에서는 특정 종교가 정치적인 영향력을 행사하는 것도, 공공 영역에서 특정 종교를 강요하거나 상징하는 일체의 표시, 행위도 금지한다는 사회적 합의가 형성되었다. 예컨대 공공장소 또는 공공 행사에서 가톨릭 신부복이나 수녀복 착용도 금기시된 것이다. 이것을 '라이시테'라고 한다. '부르카 금지법'도 이슬람 종교에 대한 차별적 규제라기보다는, 이 같은 프랑스만의 독특한 역사적 경험이 가져온 사회적 합의로서의 '라이시테', 즉 '종교적 불관용'의 일환으로 해석될 여지도 있는 것이다. 혹자는 자유, 평등, 박애에 '라이시테'를 더해 프랑스 혁명의 4대 정신이라고도 부른다.

셋째는 인권의 보편성과 특수성이다. 일찍이 싱가포르의 이광요 수상과 한국의 김대중 전 대통령과의 논쟁으로도 전개된

바 있는데, 이광요 수상은 이른바 '아시아적 가치'를 강조하면서 어느 시대, 어느 사회를 막론하고 무차별하게 적용되어야 할 가치는 없으며, 각각의 관습과 문화에 따라 존중되어야 할 가치가 서로 달라질 수 있다고 주장하였다. 이에 반해 김대중 전 대통령은 인권과 같은 범인류적 보편 가치는 조건과 상황에 따라 달리 적용되는 것이 아니라고 반박하였다. 국제 인권 사회는 이광요식 주장이 자칫 정치적 독재와 사회적 불평등을 합리화하고 인권의 보편적 가치를 저해할 위험성이 있다는 이유로 김대중 전 대통령의 손을 들어 주었다. 지난날 서구의 제국주의적 팽창을 합리화하는 지배 도구로써, 서구의 가치가 마치 인류의 보편 가치인 양 강요당한 경험이 있는 식민지에서는 이광요식 주장이 꽤 설득력을 가질 수도 있겠다. 그러나 세계 최악의 독재국가로 꼽히는 북한이 유엔에서 입만 열면 "우리식대로의 인권과 민주주의"를 강조하는 대목을 상기한다면 인권의 보편성은 아무리 강조해도 지나치지 않다. 부르카 금지법을 둘러싸고도 보편-특수 논쟁이 벌어질 수 있다. 이슬람식 전통 여성 의상이니만큼 그 문화적 특수성을 인정해야 한다는 '특수성'에 기반한 주장과, 아무리 그렇다 해도 부르카나 니캅 등으로 상징되는 이슬람 문화권의 여성 차별적인 관습은 인간 존엄성에 대한 보편적 가치에 정면으로 위배되는 것이라는 주장이 서로 충돌하는 것이다.

　명예 살인도, 라이시테도 결국은 실현해야 할 당위로서의 인권의 보편적 가치(보편성)가 이를 제약하는 요인으로 작용하는 현실의 여러 구체적 여건(특수성)과 과연 어떻게 조화를 이룰지의 문제로 귀결된다. 보편과 특수는 대립적 관계가 아닌, 상호 의존적 관계를 맺을 때 비로소 균형과 조화를 이룬다. 인권에서 특수성은 보편성으로의 지향을 가질 때, 보편성 또한 특수성에 대한 사려 깊은 고려가 있을 때 비로소 보편-특수 간의 조화를 이룰 수 있다는 점만큼은 유념해야겠다.

## 세미나 참고 자료

손원제, "유럽인권재판소 "부르카금지법 정당"", 한겨레, 2014. 7. 2, ⟨http://www.hani.co.kr/arti/international/europe/645229.html⟩

박성철(글)·이우일(그림), "⟨유럽인권재판소 판결 읽기 1⟩ 부르카금지법을 바라보는 두 가지 시선", 국가인권위원회 웹진 「인권」, 96-97 합본호(2016년 1~2월호), 2016, 국가인권위원회.

# 정의로운 인간과 애도하는 인간

인권은 사람의 권리이다. 그런데 여기서 '사람'은 누구를 가리키는가? 모든 인간을 말하는가, 아니면 일정한 자격과 능력을 가진 인간만을 지칭하는가? "모든 인간은 존엄하다"는 명제를 받아들인다면 두말할 것도 없이 "누구나 인간이라는 이유"만으로 모두의 존엄성을 인정해야 한다. 그래야 인권의 보편성이 확립된다. 그러나 과연 그러한가? 근대 인권이 시민혁명으로 확립된 것을 상기하면, 존엄성 인정 투쟁에서 시민이 승리한 사건이 시민혁명이라고 할 수 있다. 시민도 비로소 존엄한 존재로 인정받게 된 것이다. 시민혁명에 의해 확립된 인권 보장 체제가 시민권 체제이다. 시민권 체제의 특징은 사회계약에 의해 시민을 주권자로 설정하고 국가는 시민의 존엄성을 실현하는 책무자로 선언한 것이다. 그렇다면 시민은 모든 인간을 포괄하는가?

존 로크가 인간을 '소유적 주체'라고 전제하는 순간, 소유하지 못한 존재는 인간의 범주에서 이탈되고 만다. 또 시민권 체제는 '시민의 존엄성'과 '모든 인간의 존엄성'이 동일하지 않음을 확인한다. 시민권의 실현이 국민국가의 경계 안에서만 실효적으로 작동하는 체제이기 때문이다. 국민국가는 동원과 지배의 필요에 따라 끊임없이 인간을 시민과 비시민으로 구분하고 대내적으로는 통합을, 대외적으로는 배제를 도모한다. 따라서 '시민적 자유'는 본질적으로 '(보편적) 인간의 평등'과 긴장하고 갈등한다. 당초 시민적 권리는 모든 인간이 아닌, 시민이 자유로울 수 있는 권리에서 비롯됐다. 근대는 시민의 자유를 사회의 중심적인 규범으로 삼으면서 전개되었다. 이러한 역사적 배경에 따라, '자유로운 개인'이란 사실 근대가 발명·창조한 것이다. 표현의 자유, 사상·양심의 자유, 사생활 보장의 자유, 사적 소유권, 재산권, 심지어 자기결정권 등 오늘날 자유권의 핵심적 가치는 시민적 권리에서 비롯된 것이고, 이것의 정치적 버전이 정치적 권리로 제도화되면서 '시민적·정치적 권리', 즉 자유권의 개념이 정립된 것이다. 자유권에서 개인의 존엄성과 자유는 핵심적 가치이다. 개인에 기반한 권리 체계, 개인의 존엄성에 기반한 사회가 자유주의이고, 시민권 체제는 숙명적으로 자유주의와 동거하게 된 것이다.

그러면 개인이란 무엇인가? 또 자유권의 핵심적 기반이 되는 자기결정권의 '자기'는 누구인가? 자유주의에서 자기 결정권의 '자기'를 사회관계에서 분절된 고립된 단독자로 설정하면 인간이 갖는 사회적 정체성이 지워진다. 그러나 인간은 사회적 존재 아닌가? 사실 표현도, 사상과 양심도, 집회·시위도, 소유도, 재산도 사회적으로 구성되는데, 시민권 체제에서는 개인이라는 근대의 발명품을 통해 모두 개인적인 것으로 환원시킨다. 어찌 보면 실체 없는 관념의 허상에 인격과 권리를 부여한 것이라고도 할 수 있다. 시민권에서 '모든 인간'과 '개인', '자유'와 '평등'의 비대칭성은 여기에서 비롯된다. 사회가 사상된 개인, 관계에서 이탈된 단독자로서의 개인, 즉 근대가 만들어 낸 실체 없는 개인을 자유의 주체로 여기는 데서 이러한 비틀림이 발생한다. 원래 인간은 관계 속에 존재하고 인권 역시 사회적 관계에서 형성되기에 인권의 불가분성, 상호 연관성, 상호 의존성이라는 특성도 나타나는 것이다. 인간 존엄성을 훼손하는 모든 것들은 개인적인 일탈이나 품성에서 기인하는 것이 아니라 예외 없이 사회적으로 구성된다. 행복도 불행도 사회적으로 구성되므로 사회관계(권력관계)에 의해 그 향유의 정도가 구조적으로 결정되고 만다. 한 사회의 행복을 내가 전유하는 만큼 누군가 그 대가를 치르고 있는 이치와 같다.

"나는 생각한다. 고로 존재한다"는 데카르트의 진술은 세계의 중심이 이제 신에서 인간으로 이동했음을 선언하는 것이자, 동시에 누구도 침해할 수 없고, 침해받아서도 안 되는 단독자로서의 개인의 존엄성을 역설한 것이다. 이 진술은 개인에 기반한 자유주의의 원점이기도 하다. 그러나 '나의 생각'은 '과연 어디로부터 나와서 어디로 가는지'로 확장해야 한다. 생각(사상과 양심이라는 내면)도 사회적으로 구성되고, 또 상호 표현과 소통(표현의 자유, 집회시위의 자유)을 통해 관계를 형성하기에 인간이 사회적 존재라는 점은 핵심적인 정체성을 차지한다. 결국 사유하는 나I think therefore I am는 표현하는 나I express therefore I am 이자, 소통하는 나I communicate therefore I am이다. 소통을 통해 비로소 내가 존재할 수 있다는 것은 곧 관계와 단절된 개인은 허상에 불과하고, 그러한 개인이란 설혹 존재한다 하더라도 그 개인이 인간임을 입증할 아무런 근거를 갖지 못한다는 것을 의미한다. 루터로부터 키르케고르에 이르기까지 서구 주류 사상은 개인의 주체성에 집착해 왔다. 그러나 사회로부터 유리된 개인은 관계의 단절을 피할 수 없기에 정체성의 해체를 맞을 수밖에 없다.

나는 존재한다. 그러나 타자 없이 나도 없다. 타자가 있음으로 내가 존재할 수 있다는 전제야말로 사회적 주체를 확인하게 한다. 연대가 자리하는 곳은 바로 여기다. 유교의 측은지심, 불교의 자비, 기독교의 사랑, 마사 누스바움이 말한 연민com-passion, 자크 데리다가 데카르트의 말을 빌려 표현한 '애도하는 나I mourn therefore I am 등은 모두 인권에서 박애를 실현하는 '연대'로 연관된다. 연대는 일국시민권 체제가 갖는 차별과 구별, 배제의 숙명적 한계를, 시민과 인간의 구별을, 자유와 평등의 대립과 갈등을 극복하고 넘어서 세계시민권으로 나아가게 한다. 세계시민권은 국가(권력)에 의한 사회 통제가 아닌, 거꾸로 사회에 의한 국가(권력) 통제가 이뤄질 때 실현된다.

박원순의 죽음을 놓고 논란이 계속되고 있다. 이 어지러운 소음의 밥상에 나까지 숟가락을 얹어 민망하고 죄송하지만, 이 말만큼은 해야겠다. 죽음엔 자격이 없다. 애도란 정치적 판단과 행위를 넘어선 인간 정체성의 발현이다. 그러므로 모든 죽음은 애도의 대상이다. 인간의 존엄성에 대한 믿음이자 자연법적 명령이다. 크레온을 향한 안티고네의 외침이 들리는가. 이것은 곧 한 사람의 탄생이 하나의 우주가 생성되는 것이고 한 사람의 죽음이 한 우주의 소멸을 뜻하는 것이라고 믿는 것이다. 진실은 드러나기 마련이니 조급하게 굴 일도 아니다.

애도는 심판과 대립하지 않는다. 그 위에 있는 심급이다. 양자택일의 것이 아니다. 애도가 하늘의 법이라면, 심판은 땅의 법이다. 애도는 (죽음 앞에) 무조건적이지만, 단죄는 (진실 앞에) 조건적이다. 죽음은 마땅히 애도하여야 하고, 진실은 시간이 드러낼 테니 그때 단죄해도 늦지 않다. 다만 정의의 단죄는 진실의 이름으로 종종 양날의 칼부림이 날 수 있다는 긴장을 가져야 한다.

## 세미나 참고 자료

소포클레스·아이스퀼로스(2006), 『오이디푸스왕 / 안티고네 외』, 천병희 옮김, 문예출판사.
문예출판사, 〈http://www.moonye.com/search/
Search_View.asp?Num=154&PageNo=1&Search_Na
me=%BE%C8%C6%BC%B0%ED%B3%D7&Search_
Title=bName&Category=〉

# 인권 이해와 패러다임의 전환

## 1. 머리말 : 인간 존엄성과 그 실현

"사람이 사람답게 사는 세상"은 대한민국 국가인권위원회의 슬로건이다. 여기서 앞의 '사람'이 자연 상태의 사람을 가리키는 것이라면, 뒤의 '사람다운 사람'이란 존엄성을 인정받은 사람을 가리키는 것일 터이다. 엄밀히 말하자면 사람은 존재 그 자체로서 존엄한 게 아니다(사람이라는 이유만으로 존엄하다는 언술은 다분히 선언적인 것이다). 노예, 늑대 소년, 또는 로빈슨 크루소를 생각해 보시라. 인간의 권리란 선험적으로 '이미 주어졌거나', 그저 시혜성으로 '주어진 것'이 아니라, 또 사회관계와 무관하게 존재하는 것이 아니라, 사회관계 속에서 인간 스스로의 노력으로 실현되었기 때문이다.

17~18세기 근대 인권의 창설 시기에 인간 존엄성을 기존의 신관, 종교관에 기대어 그 정당성을 주창하였을 때 인간 존엄성은 선험적으로 주어진 것이라는 주장이 제기되었다. 이미 르네상스와 종교개혁을 거치며 신법은 자연법으로 연계되면서 인간 존엄성의 정당화를 꾀하였다. 자연법에 근거한 '자연권 이론'이 바로 그것이고, '천부인권론'은 이를 함축한 담론으로 제시되었다. 사실 동서양을 막론하고 인간이 다른 생명체와 다르게 도덕 감정을 가진 유일한 존재라는 전제는 근대 철학과 사상의 요체이기도 하다. 인간 존엄성에 대한 선험적 믿음은 어쩌면 인간 신경계의 고도화에 따른 도덕 감정에서 비롯된 것일 수도 있다.

그러나 천부인권론은 목적론적인 당위에 급급해, 인권이 인간의 구체적인 역사·사회적인 산물이라는 점이 사상되고, 그 가운데 역동하는 존재로서의 인간이 가려진 채 그저 막연히 하늘과 신에 의해 주어졌다는 점을 내세움으로써 인권의 정당성을 웅변하고자 했다. "묻지도 따지지도 말라"는 것은 전근대 미맹의 시대를 다스렸던 이원론적인 신앙의 세계에서는 설득력을 가질 수 있다.

그러나 인간의 역사가 신의 피조물의 역사가 아니라 바로 인간 스스로의 역사이듯이, 인권에 대한 이해도 인간의 합목적적이고 구체적인 실천에 의해 실현된다는 자명한 사실로부터 출발해야 한다. 인권을 하늘로부터 땅으로, 신에게서 인간에게로 끌어내릴 때 비로소 우리에게 오늘 유의미해지는 것이다. 인간이 스스로의 존엄성을 찾아가는 원리를 신을 빌리지 않고 설명할 수 있을 때, 오늘 우리는 인권이란 무엇인가에 대한 답을 찾을 수 있게 된다.

즉 인권은 "왜 인간은 존엄한가?"라는 존재론적 질문에 앞서 "인간은 어떻게 존엄한 존재가 되는가?"라는 인식론적 물음에 대한 답을 찾을 때, 그 의미와 실체에 다가갈 수 있게 된다는 것이다. 따라서 인간 존엄성은 선험적인 것인 반면, 그 선험성이 구체적인 역사·사회적인 현장에서 인정되고 실현된 것이 바로 인권이라고 할 수 있겠다.

인간은 사회 속에서 자신과 사회와 세계를 변화, 발전, 고양시킬 수 있는 역량을 갖고 있으며 또 그러한 역량을 발현할 수 있는 잠재력을 누구나 갖기에 비로소 존엄성을 갖는다. 그러한 역량을 원천적으로 상실(당)한 인간은 결코 존엄성을 인정받을 수도, 실현할 수도 없다. 노예에게 무슨 존엄성을 찾을 수 있는가. 아우슈비츠에 수용된 인간에게서 무슨 존엄성을 발견할 수 있는가. 존엄성이란, 자기 안에 내재한 '자존감'과 '자력화'를 바탕으로 실현되는 인간의 자기실현 형태이다. 인간이 사회적 존재라는 점을 상기한다면, 자기실현이 자칫 자아의 내면에서, 또는 자기의 노력만으로 자기만족적 상태로만 찾아진다면 그것은 결국 착시라는 주관적 소외로 치닫게 되고, 반대로 주체가 소외된 채 관계 의존적 자기실현에만 치우친다면 객관적 소외에 빠지고 만다. 인간은 본디 자력화를 통해 자기를 실현하고 사회를 발전시키며 세계를 변화시킨다. 심지어 합목적적으로 자연 개조까지 실현한다. 내면의 가치를 물질화하는 능력을 가진 것이다. 인간 외에 세상의 어느 존재도 이러한 자력화의 잠재력을 가지지 못했다.

그런데 인간이라고 해서 누구나, 하나도 예외 없이 자동적으로 자기를 실현하고 세계를 변화시키는 존재가 되는 것은 아니다. 자력화란 인간에게 내재된 잠재력으로서 일정한 조건과 환경, 자원과 능동적으로 결합할 때 비로소 발현된다. 그 이전 단계에서는 그저 잠재력으로 존재할 뿐이다. 잠재력은 어디까지나 잠재력일 뿐, 그 자체만으로는 역량으로 발현되질 못한다. 가령 씨앗이 열매를 맺기까지에는 DNA에 설계된 자기 성장의 잠재력 외에도 일정한 온도와 빛, 양분이 필요한 것과 같다. 인간이 존엄한 삶을 구현하기 위해서는 자존감과 자력화라는 잠재력을 발현할 수 있는 조건과 환경, 자원이 반드시 결합되어야 한다.

여기서 자원이란 첫째, 자신의 생명 보장 및 건강 유지는 물론, 공동체 속에서 개인의 존엄성이 보호되고 증진될 수 있는 인간관계나 공동체와 같은 하드웨어적인 인간 자원human resources, 둘째, 교육받고, 문화·예술 활동을 영위할 수 있는 소프트웨어적인 사회적 자원social resources, 셋째, 이러한 삶을 구가하는 데 필수적으로 요구되는 경제적 요소를 의미하는 물질적 자원material resources 등 세 부분으로 이뤄진다.

인간 자원은 물론, 사회적 자원과 물질적 자원이 주체의 자력화 과정에 적절히 결합되어야 비로소 인간으로서 존엄성이 실체화되는 것이다. 어느 한 부문이라도 자원의 투입이 결핍, 또는 박탈되면 인간은 존엄한 삶을 영위하는 데 크고 작은 장애를 겪게 된다. 요컨대 존엄성 실현에 중대한 도전과 위기가 닥치는 것이다. 우리는 이 상태를 인권 침해라고 일컬으며, 따라서 인권 침해란 곧 '결핍(=박탈)의 상태'를 말하는 것이다. 인권은 바로 이러한 결핍(=박탈) 상태의 해소, 즉 결핍(=박탈)이 충족으로 전환될 때 비로소 실현된다. 이것이 인권의 새로운 패러다임이다.

인권은 단순히 악惡에 대한 '선善한 저항'이나 '정의正義의 심판' 또는 '악에 대한 징벌'을 꾀하는 것이 아니라, 악을 대하는 인식과 태도의 변화로부터 시작한다. 권선징악勸善懲惡으로 상징되는 이원론적인 선악 구도에 기반을 둔 정의론은 너무나 쉽게 폭력으로 돌변한다는 게 우리가 겪은 인류사적 경험이자 교훈이기도 하다. 인권적 접근이란 이른바 '악'이라는 현상과 결과에만 주목하지 않고, 악의 연원, 그 서사와 맥락을 놓치지 않는 것이다. 새로운 인권의 패러다임에 입각하자면 "악은 없다. 다만 결핍(=박탈)이 있을 뿐이다". 악이 있다면 결핍(=박탈)의 발현일 뿐이다. 악의 서사와 맥락을 찾아가는 여정이 바로 인권 감수성이다. 그 여정의 종착점은 결핍(=박탈)이고, 이의 충족을 향한 노력과 실천이 인권 실현인 셈이다.

이처럼 인간의 존엄성은 천부인권론에서 주창되는 바와 같이, 단지 인간이라는 이유 때문에, 막연히 '선험적으로' '부여된' 것이 아니라, 인간 정체성의 핵심적 요소인 자존감과 자력화가 잠재된 상태로부터 해방되어 현실에서 실현된 상태를 말한다. 잠재력을 실체적 역량으로 발현하지 못하게 하는 지점에서 바로 인권 문제가 발생하는 것이고, 근대 국민국가 체제의 출현 이래 인간 존엄성 실현의 가장 큰 책무를 국가가 짊어지게 되면서 비로소 고전 인권 담론이 형성된 것이다. 이를 상기한다면 오늘날 인권 침해의 가장 큰 잠재적 장본인은 바로 국가이다. 홉스나 로크에서부터 몽테스키외와 루소에 이르기까지 근대의 계몽된 인류는 입을 모아 인권 실현의 책무자는 다른 누구도 아닌, 바로 국가라고 외쳤다.


## 2. 인권의 실현 — 악에 대한 심판이냐, 결핍에 대한 충족이냐

이렇게 인간 존엄성에 대한 미세한 고찰은 매우 중요한 인식론적 전환을 동반한다. 근대 법치주의의 확립은 인권 실현의 출발점이었다. 그런데 법치주의는 인권과 어떤 상관관계에 있는가. 이를테면 사법 영역이 아닌 인권의 영역에서 '악'은 어떻게 해석할 것이고, 어떻게 대할 것인가. 사법 영역에서 실정법을 어기는 범법 행위, 곧 범죄는 악으로 간주되기 때문에 기본권의 유예, 제한을 통해서라도 벌칙이 가해진다. 미시적으로 보면 공권력에 의한 인권 침해는 물론이요 사인 간의 권리 침해조차도 방치할 경우 공동체에 심각한 위해가 되므로, 공동체의 인권 보장 책무를 진 국가 공권력이 피해를 입은 사인을 대리하여 강제력을 동원, 제재한다.

그러나 사법절차는 이 경우 가해자를 벌(=배제)할지언정 피해자의 침해 내용까지 복구(=포섭)하지는 못한다. 나아가 일회적, 단속적이어서 지속 가능하지도 않을뿐더러, 징벌 이후의 국면에 무책임하다. 심지어 가해자는 가해자대로 자기가 저지른 범죄에 비해 과도한 처벌을 받았다고 억울해 하며, 피해자는 자기가 입은 피해에 비해 가해자에게 내려진 벌이 너무 가볍다고 분격해 한다. 기껏해야 '처벌'에 대한 두려움으로 선을 강제할 뿐이다. 처벌이라는 강제력을 수반한 사법적 해결은 일종의 결과 중심적인 현상 조치로서 인권 침해 구조의 지속 가능한 선순환 구조를 담보하지는 못한다.

더구나 공권력은 자칫 그 행사 과정에서 시민으로부터 위임받은 한계를 넘어 종종 오남용되기 십상이다. 인권 보장을 위해 발동되어야 하는 공권력이 도리어 인권 침해를 하는 경우가 발생하기도 한다. 이것이 인권 문제에 대한 사법적(실정법적) 접근의 한계이다. 힘에는 힘으로, 강제력에는 강제력으로, 폭력에는 폭력으로 대응하는 것, 그것이 아무리 정당하고 정의롭고, 선한 것이라 할지라도 그 프레임 속에 내재한 한계는 피할 수가 없는 것이다.

그런데 발상의 전환을 해서 침해 행위가 만일 어떤 결핍(=박탈)에서 비롯됐다고 보면 어떨까. 위에서 언급한 인간 자원, 사회적 자원이나 물질적 자원의 결합에 어떤 하자가 생겨서 인권 문제가 발생했다고 보는 것이다. 이 구도에서는 가해(악) 대 피해(선)의 구조는 결핍 대 충족의 구조로 전환된다. 선악의 적대적 모순 관계가 아니라, 가해와 피해를 막론하고 '결핍(=박탈)'이라는 공통분모를 찾게 된다. 피해자 보호와 지원은 물론 나아가 가해자의 축출과 배제를 피할 수 있는 것이다. 이때 가해자에 대한 징벌도 인권적 고려의 맥락에서 찾아지는 것은 물론이다. 결핍(=박탈)을 해소하도록 노력함으로써 인권 침해를 사전에 예방하고 인권을 보호하면서 동시에 증진할 여지가 생기는 것이다.

빅토르 위고의 『레 미제라블』을 상기해 보라. 팡틴은 윤리적으로 타락해서(=악해서) 성매매를 했을까? 장 발장은 미리엘 주교와 빵집 주인에겐 권리 침해자이자, 사법적으로는 실정법을 어긴 범죄자이다. 도덕적으로도 지탄 받아 마땅한 인물이다. 그런데 그는 악했는가? 도덕적 지탄을 받아야 마땅한가? 그러면 자베르 경감은 악인인가? 그는 왜 자살했는가(자살할 수밖에 없었는가)? 『레 미제라블』을 사법적 정의의 관점이 아니라 인권의 관점에서 다시 보면 어떤 변별점이 보이는가?

학교 폭력을 예로 들어 보자. 가해 학생을 악으로 간주해서 발본색원, 일벌백계로 응징하고 척결하면 학교 폭력이 근본적으로 해소될 수 있을까? 또 그런 방법이 과연 교육적이며 실효적인 결과를 가져올 수 있을까? 설혹 학교 현장에서 일시적으로 폭력이 추방되었다 하더라도 그 폭력은 결국 어디로 이동을 하게 될까? 풍선 효과가 나타나진 않는가? 가해 학생은 과연 악인가? 학교 폭력을 악으로 규정하지 않고 만일 어떤 결핍(=박탈)의 현상으로 보고 해법을 모색한다면 방법이나 과정, 결과에 어떤 변화가 있을까? 물론 사법적 해결은 그것대로 존재 의미와 역할이 있을 것이다. 그러나 그것만으로는 인권의 온전한 증진을 꾀하기엔 역부족이다. 결핍(=박탈)-충족이야말로 인권적 접근의 열쇳말이라 할 수 있다. 따라서 인권의 실현은 '불의에 대한 심판'이 아니라 '결핍(=박탈)에 대한 충족'이다. 이것을 조효제는 인권의 '탄압 패러다임에서 웰빙 패러다임으로의 전환'이라고 했다.


**3. 인권에서의 권리 주체와 책무 주체**


흔히 '권리'를 '인권'과 혼동해서 오남용하는 사례가 적지 않다. 그러면 축자적으로 해석해서 '인간의 권리'라고 이해하면 정확할까? 인권은, 인간이 가지는 독특한 정체성 때문에 '인간'에 '권리'가 결합하는 순간, 단순히 권리의 소유격, 즉 '○○의 권리'를 넘어서는 질적으로 전혀 새로운 개념으로 형성된다. 권리의 사전적 뜻은 "어떠한 것을 요구하거나 주장하는 힘 또는 자격"이다. 그저 자기 이익을 좇는 것이다. 권리는 단지 이해관계를 의미할 뿐 그 안에 어떠한 규범적 정당성도 내포하지 않는다. 이해관계는 원천적으로 이기적이고 배타적이므로 인간의 삶 가운데 종종 충돌하고 경합한다.

따라서 공동체 안에서는 공공복리나, 질서유지, 안전보장 등을 위해 구성원에게 필요 최소한의 법적 규제(의무) 장치를 갖춘다. 전근대 인치人治의 시대에는 (국가)권력(자)의 필요에 따라 이러한 의무를 통치자가 자의적으로 부과하였으나, 근대 이후로는 사회계약론에 의해, 법에 의해 통제되도록 하였다. 더 나아가 주권의 소지자가 대혁명으로 뒤바뀌자 법적 통제의 주체와 대상이 뒤바뀌기에 이르렀다. 몽테스키외는 『법의 정신』을 통해 주권자인 '인민에 의한 권력 통제Rule of Law'의 필요성을 이른바 '법치주의'를 통해 역설하기도 하였다.

권리 일반의 영역에서는 권리 주체와 책임 주체가 분리되지 않으나, 즉 권리 주체는 곧 의무 주체이기도 하지만, 인권 영역에서는 권리 주체와 책무 주체가 명확하게 분리되는 특징이 있다. 인권이 곧 권리의 과잉, 무책임한 권리 주장 등으로 왜곡되고 있는 현실은 인권과 권리의 혼동, 한마디로 이러한 인권의 역사와 특성에 대한 무지 때문에 빚어지는 현상이다. 인권이 권리와 혼동되면 결국 인권에 대한 규제는 정당화된다. 그러나 무분별한 권리 주장은 규제받아 마땅하지만, 인권에 대한 규제는 곧 존엄성의 파괴로 직결된다. 나아가 권리 주체의 자격에 따라 누릴 수 있는 존엄성의 범위가 달라지고 마는 것이다. 이로써 "모든 인간은 존엄하다"는 명제 자체가 사실상 부정되기에 이른다.

인권은 권리 중에서도 '정당성을 인정받은 권리'이고, 그 정당성은 최소 규범인 법으로부터 최대 규범인 도덕과 윤리에 이르기까지 다양한 층위에서 규정된다. 따라서 인권 실현은 때론 강제력을 요청하지만, 반드시 그것을 넘어서는 규범적 지향성을 잃지 않는 긴장을 가질 때 비로소 인권다운 자기 정체성을 확보한다. 더구나 법은 일반적으로 권리 향유자(=사회적 다수자 majority)의 것이므로, 언제든, 어디서든, 누구에게나 반드시 규범적 정당성을 갖는 것만이 아니다. 정치사회적 헤게모니에 따라 종종 인권에 역진하는 법이 만들어지기도 하고 운용되기도 하면서 오히려 차별을 구조화하고 심화시키는 반인권적 제도가 법의 보호를 받는 역설이 나타나기도 한다. 인권이 법의 보호를 받는 것은 이론적 당위일 뿐, 현실에서(특히 차별이 구조화된 사회에서는) 법은 종종 인권과 충돌하고 역진하기도 한다. 따라서 세계인권선언 전문에 언급된 "인민들이 폭정과 억압에 견디다 못해 그 마지막 수단으로서 반란에 호소하지 않게 하려면 인권이 법의 지배에 의해 보호됨이 필수적이며…"라는 구절을 제대로 이해하기 위해서는, 먼저 법의 지배, 즉 법치주의에 대한 명확한 해석이 필요하다.

법치주의란 모든 사람이 법 앞에 평등하다거나 모두가 법을 지켜야 한다는 것만을 의미하는 게 아니다. 다시 말해 법에 의해 민民이 국가권력을 통치(지배)하는 전제가 인권 실현의 출발점이 된다는 것이다. 그래야만 인권 보호와 증진이라는 인권 실현의 책무자로서 국가의 구실이 명확해지기 때문이다. 우리 헌법 제1조에 "대한민국의 주권은 국민에게 있고, 모든 권력은 국민으로부터 나온다"라고 천명한 것도 이런 맥락에서 도출된 것이다.


## 4. 시민권의 딜레마와 이중 과제

주지하다시피 근대는 국민국가의 출현과 함께했다. 국민국가는 새로이 '시민'을 주권자의 자리에 앉히는 동시에 전통적인 '사회'를 해체시키면서 자기 통치 기반을 확장했다. 시민은 '자유로운 개인'의 다른 표현이기도 한데, 자유로운 개인 중심의 사회란, 자유를 기치로 공동체의 가치보다는 개인의 가치를 더 중시하는 사회를 말한다. '자유로운 개인' 중심의 사회에서는 경쟁과 효율의 주체로서의 개인은 있을지언정, 협동과 연대의 주체로서의 '사회적 주체'는 없다. 자유로운 개인이란 사회적 협동과 연대로부터 일탈된 왜소한 단독자를 의미할 뿐이다.

인간이 본디 사회적 존재라는 점을 감안하면, 이러한 근대의 주체는 어쩌면 허상일지도 모르며, 언뜻 자유롭게 보이지만 사실은 고립됨으로 인해 부자유하다. 근대 이후 국민국가가 비록 형식적일망정 자유권을 중시하면서도(기회의 평등, 선택의 자유), 정작 실질적 자유의 실현(결과의 평등)에는 소홀한 자기모순이 '아무렇지도 않게 보이는' 까닭도 여기에 있다. 국민국가와 사회 간의 길항의 역사를 감안해 보더라도 오늘날 '국가'와 '사회'는 본성상 그리 잘 어울리는 조합이 아니다. 이것은 고스란히 시민권의 딜레마로 수렴된다.

시민권은 당초 신분 사회를 타파하고 개인의 자유, 평등, 박애를 외친 점에서 명백히 진보적이었지만, 여전히 '모든 사람'이 아니라 '일정한 자격을 구비한 사람'에 한해 권리 주체로 인정한다는 점에서 한계적이다. 인권이 시민권에 머무는 한, '모든 사람'이라는 형용은 사실 현실에서는 찾아볼 수 없는 가공의 것에 불과하다. 국가에 의해 그 자격이 인증된 사람에 한해서 존엄성 보장을 약속한 것이 오늘날 시민권의 본질이다.

더구나 예나 지금이나 국가의 관심은 통치와 동원에 있기 때문에 기본적으로 반(시민)사회적이다. 현실에서는 시민의 자유마저도 국가의 통치와 동원의 한계 내에서만 보장되기 십상이다. 인권 보장을 위해 국가가 존재하는 것이 아니라, 역으로 국가의 관용만큼 인권이 '시혜'된다. 더구나 법치주의가 근저부터 흔들리는 이 땅에선 그나마 시민권조차 위태롭기 짝이 없다. 인권 보장을 위한 국가의 책무는 종종 방기되며, 정작 주권자보다 국가(권력) 스스로의 존엄성 실현에 집중한다. 국가안보와 질서유지의 명분 아래 시민의 자유는 무력화되곤 한다. 오늘날 국가는 이상적으로는 인권 보호자인데, 정작 현실에선 인권 침해의 가장 강력한 장본인이라는 역설적인 운명을 갖는다.

근대 국민국가는 '시민'을 끊임없이 동원형 '국민'과 파편화된 '개인'으로 해체시키면서 지배력을 확보했다. 여기서 시민의 국민으로의 편입은 국가의 요구였고, 시민의 개인으로의 해체는 시장의 요구였다. 자유시장주의가 촉발한 방임형 개인은 신자유주의 시대를 맞아 개인으로의 해체를 극단화시켰다. 이제 시민은 없고 동원형 국민과 무력화된 개인만 존재할 뿐이다.

이런 배경에서 인권은 애초 국가(권력)에 대한 시민적 통제

(협의로는 법치주의, 광의로는 민주공화주의)의 필요성이 제기되면서 창설되었으나, 최근에는 시장에 대한 인권적 개입이 주요 의제로 부상하고 있다. 따라서 국가와 시장에 대하여 시민성을 회복하고 시민적 주체로서 제 위상과 역할을 회복하기 위해서는, 오늘날 인권은 불가피하게도 이중 전선을 가질 수밖에 없다.

요컨대 해체 위기에 처한 시민사회의 복원(광의의 의미에서)을 위해 한편으론 국가에 대해, 다른 한편으론 시장에 대해 시민권의 확보 노력이 불가피해진 것이다. 즉 불안정한 시민권을 안정화하기 위해 한편으로는 시민권을 강화하면서, 다른 한편으로는 그 시민권의 한계를 넘어서야만 하는 이중 과제가 오늘 우리에게 부여된 셈이다. 나는 이것을 '일국시민권'의 '세계시민권'으로의 확장이라고 여긴다.

## 5. 인권 보장 기구의 창설과 그 특성

계몽주의 시대의 1세대 고전 인권 담론은 수백 년의 부침을 거쳐, 특히 양차 세계대전에 대한 총체적 성찰로서 2세대 인권 담론(사실 카렐 바작Karel Vasak의 3세대 인권 담론은 상호 연관성, 상호 의

존성, 상호 불가분성, 보편성이라는 인권의 특성에 비춰 볼 때 개념적으로 적절치 않은 구분이다)으로 진화하였고, 이에 기반하여 국제 인권 레짐이 구축되었다. 특히 1993년 비엔나 세계 인권 대회를 계기로, 전후 야심차게 전개되어 온 국제 인권 레짐의 원심론적 확장은, 동시에 한층 더 개별 국가의 인권 보장 책무 체제를 강화하는 방향으로 선회하기 시작하였다. 인권 실현의 내실화를 위해 다시 구심력을 강화하기 시작한 것이다. 국가인권위원회는 이와 같은 배경에서 기획, 창설된 것이다.

그러나 국내 정치 환경의 변화에 따른 유동성이 국가 인권 기구의 안정성과 독립성을 크게 훼손할 수 있다는 국내외의 경험은 중앙정부 중심적인 인권적 개입의 한계를 명확하게 드러내었다. 인권 기구가 실효적으로 활동하기 위한 대전제로 독립성을 강조하고 있기 때문에 어찌 보면 인권 기구가 기존 국가 기구와의 마찰과 갈등을 빚는 것은 피할 수 없는 숙명이다.

예컨대 폴란드의 초대 인권 옴부즈맨이었던 에바 레토브스카Ewa Letowska는 "인권 기구는 체제가 도저히 환영할 수 없는 뜻밖의 것임이 판명되었다. 인권 기구의 본질로 인하여 어떤 권력에게든지 제대로 임무를 수행하는 인권 기구는 불편한 존재가 될 수밖에 없다"고 하였으며, 뉴질랜드 인권위가 2000년도에 발간한 『컨시스턴시Consistency 2000』의 표지에는 "이 보고서는 정부가 원하는 것이 아니다"라고 대문짝만 하게 밝힌 바도 있다.

호주는 보수당으로 정권이 교체되자 인권위원회 예산이 40퍼센트 삭감되기도 하였으며, 덴마크 보수 정부는 덴마크 인권 기구Danish Center for Human Rights의 폐지를 시도하기도 하였다. 한국의 국가인권위원회도 이명박 정부가 대통령 직속 기구로 편입하려고 시도하였으며, 약 30퍼센트에 달하는 인력과 조직이 감축당하였다. 인권 기구의 쓴소리를 마땅치 않아 하는 국가권력의 견제는 인권 기구의 불안정성을 초래하는 강력한 원인으로 작용한다. 이런 까닭에 국내적으로도 결국 광범위한 시민적 참여에 기반한 시민사회의 인권 역량만이 제도 기구로서의 국가 인권 기구의 핵심적인 토대임이 새삼 확인되었고, 또한 동시에 중앙정부 못지않게 지방정부에 대한 인권적 개입을 제도화하는 것이 인권의 주류화에 매우 중요한 일이라는 점이 각성되었다.

한편 국가 인권 기구는 그 효력의 실제화를 위해 종종 권력 작용에 의존하려는 관성을 갖는다. 특히 사법 체계가 정상적으로 작동하지 않는 상황에서는 그 역할의 대체재로서 국가 인권 기구에 의존하려는 경향이 나타나기 때문에 이러한 관성은 더욱 강해지기 마련이다. 그러나 권력 작용은 본질적으로 인권적 권리 구제의 성격에 부합하는 방법이 아니다. 더구나 인권 기구의 결정이 '처분성'을 갖는 순간, 사법 심사의 대상으로 전락하면서 인권 기구의 독립성이 무너지게 된다. 인권적 권리 구제의 가장 큰 특징은 형사·사법적 권리 구제와 같은 사후적 권리 구제보다는 사전 예방적 권리 구제로서의 특징을 갖는다. 앞서 지적하였지만 사건 자체에 주목하는 것이 아니라, 그 사건이 일어나게 된 서사와 맥락에 주목하는 것이다. 이것이 인권적 권리 구제의 특성이기도 하다. 그래서 인권은 실정법적 보호를 넘어서는 것이라는 주장이 제기될 수 있는 것이다.

## 6. 인권 감수성의 왜곡, 이른바 '생활 밀착형 인권'

유감스럽게도 중앙/지역에서의 인권 보장 체제를 강구하는 데 있어서 '생활 밀착형 인권'이라는 매우 모호하고 정체불명인 개념을 핵심적인 키워드로 사용하는 경우가 빈번히 나타나고 있다. 아마도 시민 생활에 일상적으로 영향을 미치고 보다 실질적인 효과를 기대할 수 있는 소소한 인권 의제를 중심으로 정책이나 제도, 규범 등을 기획하자는 취지일 것으로 짐작된다.

그런데 소위 '생활 밀착형 인권'이라는 용어의 사용에는 특별한 주의가 요망된다. 생활 밀착형 인권을 내세우면서 인권을 새마을운동과 같은 관제 주민운동, 또는 시혜성 복지 사업의 확대쯤으로 자리매김하는 오류들이 나타날 가능성이 있기 때문이다. 중앙정부나 지방정부가 인권을 행정의 기본 가치로 삼겠다는 것은 "민원 제로 행정 구현", "고객 만족의 행정 서비스 제고", "취약 계층에 대한 행정 지원 강화" 따위를 실현하겠다는 것이 아니다. 이러한 행정은 여전히 관 주도, 시민 주체의 대상화, 시혜적 행정의 성격을 벗어나지 못하는 것이다.

생활 밀착형 인권의 무분별한 남용은 인권이 본질적으로 국가 공권력, 나아가 권력관계와 밀접한 인과관계를 맺고 있음에도 불구하고, 인권을 연성화된 생활 준칙, 개인의 윤리 규범("착하게 살자", 또는 "불쌍한 사람을 돕자")쯤으로 탈색시키고 만다. 인권을 '역지사지'易地思之로 오인誤認하는 경우가 그 대표적인 사례다. '생활 밀착형 인권'이라는 표현에는, 인권을 오로지 사적 층위로만 잡아넣어 소소한 일상 속에서 개인들 간의 이익 쟁투를 인권 의제로 둔갑시키고 마는 함정이 도사리고 있다.

이런 구도에서는 정작 권리 담론으로서의 인권은 사라지고 인권이 책임 담론, 의무 담론으로 대체되거나, 또는 그 하위 담론쯤으로나 여기게 하는 실로 우스꽝스러운 일이 벌어지고 마는 것이다. 이렇게 되면 인권 실현을 위한 활동은 고작해야 개인 또는 집단 간의 이해를 둘러싼 민민 갈등으로 치부되기 일쑤이다. 인권 교육보다 인성 교육을 강조하는 이치와 같다.

나아가 인권에서 권력관계가 사상되고, 결국 인권 실현의 한 당사자인 실질적 책무자가 커튼 뒤에 숨어 버리는 현상이 발생한다. 그야말로 권리들 간의 경합만이 가열돼, 결국 만인의 만인에 대한 투쟁과 같은 '인권 인플레(?)'를 초래함으로써 공동체 파괴적인, 혼란의 주범으로 인권이 자리를 잡는 어처구니없는 일이 벌어질 수도 있는 것이다. 인권이 고작해야 존중과 배려라는 개인의 덕성이나 품성론으로 대체되고 마는 것이다.

사실 존중과 배려의 강조는 권력관계에서 기득권의 언어로 유통된다. 사회적 소수자, 약자가 강자를 존중하고 배려해야 하는가? 또 인권 침해 피해자가 가해자를 존중하고 배려한다면 인권 침해가 없어지고 인권이 실현되는가? 본디 공공적 성격을 가질 수밖에 없는 인권 이슈가 사적 공간을 포함한 일상생활에 어떻게 영향을 미치며, 동시에 이를 어떻게 문제화할 것인가는 생활 속 인권의 핵심적인 요소이다.

즉 우리의 일상 속에 관철되고 있는 권력관계(의 비대칭성)에 대한 아주 민감한 감각을 가동시킴과 동시에, 그로 인해 야기되는 인권 상황에 대한 일차적 책임을 개인이 아니라 국가

(중앙/지방정부)에게, 다음으로 사회에게 묻는 것이 간과해서는 안 될 대목이라는 것이다. 권력관계야말로 인권의 출생지인 셈이다.


## 7. 혐오와 인권의 패러다임

오늘날 국가는 '자유'의 이름 아래 (사회적) 차별을 묵인, 조장함으로써 권력관계를 구조화하고, 이를 통해 성장을 추구한다(불균등 발전론). 시장 역시 경쟁과 효율의 증진을 위해 '파편화되고 성과 중심적인 개인'을 내세워 차별을 불가피한 것, 나아가 당연한 것으로 정당화한다. 이로 인해 비판적 저항성이 거세된 인간, 시민성을 상실한 인간, 사회적 관계성이 단절된 인간이 양산되고, 체제의 광범위한 공교육 시스템은 이를 확대재생산한다. 결국 세월호 사건에서 경험되었듯, 그저 "가만히 있으라!" 하면 죽음이 다가와도 가만히 있어야 하는 게 모범 국민의 도리가 되었다.

시민은 이제 국가의 호명에 의해 '국민'으로, 시장의 호명에 의해 '(소비적) 개인'으로 각각 전락하고 말았다. 국가는 통치와 동원의 필요 때문에 '(국민)통합'을 내세우지만, 통합의 이면은 곧 '배제'이므로, 필연적으로 통합의 경계를 넘나드는 곳에 위치한 소수자 문제가 발생한다. 소수자란 단순히 사회 구성원 가운데 차지하는 수數나 양量적 개념을 넘어, 국가에 의해 시민권이 박탈당하거나 권리의 주체로서의 지위를 인정받지 못하는 사람들을 가리킨다. 사회적 약자와 소수자는 그 범주가 상당 부분 중첩되기도 하지만, 엄밀히 보자면 다음과 같은 상이함이 있다.

사회적 약자가 시민권 내부에서 권력관계의 비대칭성으로부터 발생되는 개념인 데 반해, 소수자는 시민권의 경계, 또는 그 밖에 위치함으로 인해 종종 시민권 자체가 무시·부정되는 사람들을 가리킨다. 시민권적 보장의 수준이 '취약한 것'과 아예 '부정되는 것'은 다른 것이다. 차별 받기 때문에 소수자가 '되는 것'이 아니라, 역으로 소수자이기 때문에 차별 받는다. 존재 자체가 차별의 사유가 되는 것이다. 사회적 약자가 사회 안에서 '구성'되는 존재인 데 비해 소수자는 사회 밖으로 '내던져진' 존재이다.

따라서 사회적 약자에 대한 정책적 착안점은 적극적 우대 조치affirmative action의 강구에 있는 데 비해, 사회적 소수자에 대한 그것은 시민권이라는 포섭과 배제의 경계의 확장, 궁극적으로는 국민국가 이래 정당화된 '일국시민권'을 '세계시민권'으로 확장하는 가운데서 찾을 수 있다. 여기서 일국시민권과 세계시민권의 변별점은 국민국가를 넘어선 인류 공영의 보편적 인간 존엄성 실현이다. 일국시민권이 사회계약론에 의해 인권 실현의 책무자를 국가로 설정한 전제 아래 국가로 하여금 '국민으로 호명되는 시민의 자격을 소유한 자'에 한하여 자유와 평등의 보장을 통해 실현코자 하는 데 비해, 세계시민권이란 역사적으로 1, 2차 인권 혁명 이래 미완에 그친 박애philanthropy의 실현을 지향한다. 이는 자유와 평등을 넘어 연대의 실현을 의미한다. 마사 누스바움의 표현을 빌면, 연대란 공동체적 연민 com-passion의 실현이다.

사회적 약자든, 소수자든 시민권 보장의 취약성만큼 혐오의 표적이 될 가능성이 높아진다. 국가 또는 시장에 의해 형성된 불평등 구조의 격화에 따라 '만인에 대한 만인의 투쟁'이 촉발되는데, 사회적 약자, 소수자와 같은 인권 취약 집단은 한편으로는 국가와 시장에 의해 배제되는 동시에, 다른 한편으로는 시민사회 안에서 혐오 대상으로 표적화되고 마는 이중적인 인권 침해 상황에 직면하게 된다. 혐오의 1차 표적은 사회적 소수자이며, 2차 표적은 사회적 약자이다. 국민국가 외부에 존재하는 1차 표적(소수자)에 대한 혐오를 통해 국민국가의 내부 결속을 도모하는 동시에, 2차 표적(사회적 약자)에 대한 혐오를 통해 지배 구조의 정당화를 꾀한다.

그런데 시민권의 해체는 단지 국가나 시장이라는 외부적 강제에 의해서만이 아니라, 시민적 자력화의 역량이 상실된 개인들의 '자발적 동의'에 의해 가속화된다는 점에서 문제의 심각성을 더한다. 시민권적 역량 상실은 주체의 안팎을 가리지 않고 재촉·강요된다. 예컨대 차별이 권력관계에 의해 고착화된 격차 사회에서 주체의 사회적 존재 양태는 '열등감' 또는 '우월감'으로 나타날 뿐이다. 이렇든 저렇든 '주체 없는 주체', 소외된 주체이긴 매 한가지이다.

주체의 소외는 자기실현이 무화無化되는 만큼 배설의 비상구를 찾기 마련이다. 양상은 두 가지로 나타난다. 그 하나는 주류화 또는 계층 상승 가능성이 봉쇄되고 미래에 대한 희망을 상실할수록 누적되는 우울증과 피해 의식의 분출이 또 다른 사회적 약자를 향해 극단적으로 표출된다는 것이고, 다른 하나는 현실에서 실현 불가한 성공 신화를 내면화함으로써 '성공한 자', 또는 주류 기득권층을 향한 열망을 자기 동일화를 통해 보상받고자 하는, 이른바 존재와 의식의 불일치, 분열증에 빠지게 된다는 것이다. 혐오의 서사와 맥락은 이렇게 구성된다.

경쟁이 치열해지고 공동체가 파괴되면서 삶의 현장이 삭막해지면, 필연적으로 타자에 대한 관심을 가질 여유가 없어진다. 타자에 대한 무관심은 무지를 낳는데, 여기에 인간의 본성적인 정동情動이랄 수 있는 역겨움과 공포가 얽히면 무지는 편견으로 치닫는다. 권력 구조 속에서 편견은 혐오로 발현된다. 요컨대 '시민권의 해체 → 무관심 → 무지 → (역겨움과 공포) → 편견 → (권력관계 개입) → 혐오(경멸과 증오) → 자존감과 자력화의 상실 → 시민권의 해체 가속화'라는 악순환의 서사가 만들어지는 것이다.

혐오는 대개 경멸(멸시)과 증오(격분)로 표출된다. 그런데 여기서 체제는

① 사회적 학습의 산물인 경멸을 본성적인 도덕 감정인 양, 증오로 변환·통합시키고(다른 것, 낯선 것, 싫은 것, 역겨운 것을 부정한 것, 틀린 것, 잘못된 것으로 전환시킨다. 이는 **어떤 정체성에 규범적 가치를 입히는 것을 의미**한다), 이에 따라 사회적 약자 괴롭힘(=경멸)에 따르는 혐오 주체의 도덕적 주저까지도 말끔히 세탁洗濯해 준다.

② 그럼으로써 권력관계에서 우월적 지위에 있는 집단이나 사람으로 하여금 마치 스스로 피해자(집단)인 양 착란錯亂시킨다.

③ 혐오가 주로 경멸보다 증오로 발현됨으로 인해 한층 더 집요하고 적대적·공격적인 양상으로 나타나게 하고,

④ 이 과정을 통해 정작 권력관계나 차별 구조는 은폐되고 혐오에 반대하는 인권 투쟁은 고작 사회 혼란을 획책하는 '민민 갈등'으로 간주된다. 인권 보장 요구가 고작 한 분쟁 당사자의 주장으로 전락하는 것이다.

⑤ 여기에 사회 통합을 도모한다는 명분으로 국가(권력)가 갈등의 '중재자'로 개입함으로써 자신이 마치 공공적 사명을 다하는 양 행세한다. 바야흐로 '만인에 대한 만인의 투쟁'에 '리바이어던 국가'의 심판과 통제가 정당화되는 것이다.

⑥ '국가의 책무' 자리에 '개인적 덕성과 품성'이 대신 자리잡게 한다. 요컨대 인권을 '역지사지' 또는 '상호 존중', '존중과 배려'로 왜곡하는 것이다. 이렇게 되면 인권 문제의 핵심적 배경이랄 수 있는 권력관계가 사상되고 만다. '상호 존중의 의무'로 자유가 보호되고, '역지사지의 의무'로 평등이 증진되며, '상호 배려의 의무'로 연대가 실현된다는 실로 우스꽝스런 광경이 연출되는 것이다. 여기 어디에도 권리 주체는 없다.

결국 혐오의 진앙지가 무화되거나 도착倒錯될 뿐만 아니라, 자유, 평등, 박애를 실현해야 할 책무자는 실종되고 만다. 이에 따라 가해자는 늘 당당하며, 억울하고, 이해되는 데 반해 피해자는 늘 염치없고, 죄송하며, 불순하다. 피해자 귀책론으로 수렴되는 것이다.

이로써 인권 보장의 책무가 엉뚱하게도 개인의 품성에 전가된다. 역지사지, 상호 존중, 배려와 존중의 강조는 본질적으로 권리 담론이 아닌 책임 담론으로 환원된다. 혐오는 역지사지, 상호 존중, 배려와 존중 같은 개인 품성(인성)에 흠결이 있어서 발생하고 발호하는 게 아니다. 권력관계가 조장하는 차별이 고착화될수록 폭증할 수밖에 없는 사회적·계급적 불만을 민민 투쟁으로 전도시키는 과정에서 발생하고 발호하는 것이다. 그러므로 혐오 주체마저도 어쩌면 동원된 주체, 소외된 주체, 휘둘린 주체일 수 있다. 본질적으로는 인간 존엄성에 대한 주체의 역량 결핍이 무지와 편견을 초래하기 때문이다. 권력관계가 혐오의 필요조건이라면, 무지와 편견은 혐오의 충분조건이다.

인권의 실현은 '악에 대한 심판'이 아니라 '결핍에 대한 충족'일 때 지속 가능해진다. 혐오 문제에 대한 정의론正義論적 접근은 자칫 이런 구조를 간과한다. 정의는 속성상 종종 낙인-배제-폭력을 동반한다. 혐오에 대한 사법적 개입이 부적절하거나 한계적일 수밖에 없고, 따라서 인권의 패러다임으로 포섭해야 하는 이유가 바로 여기에 있다. 혐오 주체에 대한 징벌적 규제, 즉 입막음과 처벌 일변도의 대응은 인권적 대안이 아니다.

유엔 인권 고등 판무관실은 이 문제와 관련하여 지난 2013년 2월 21일, 2년여에 걸친 전문가 워크숍을 거쳐 소위 '라바트 행동 계획'Rabat Plan of Action on the prohibition of advocacy of national, racial or religious hatred that constitutes incitement to discrimination, hostility or violence이라는 권고 지침을 제시한 바 있다.

이 지침은 차별과 적대 혹은 폭력을 유발하는 민족적, 종교적, 정치적 증오의 옹호를 금지하는 것을 주요 내용으로 삼고 있다. 이에 의하면, 표현의 자유 제한은 반드시 법에 근거해야 하고, 혐오 표현은 가능한 한 좁게(엄밀하게) 정의되어야 한다는 전제 아래, 혐오 표현에 대한 사법 처벌 여부를 판단할 때에는 '맥락'(사회적, 정치적, 역사적, 법적), '화자의 위치'(지위, 권력관계), '의도', '내용 또는 형식', '발화의 범위', '증오 유발 가능성과 급박성' 등 6가지 요인을 고려해야 한다고 권고한다.

이 같은 고려를 통해 '어떤 표현이 범죄가 되는 표현'인지, 또는 '범죄는 아니지만 민사 또는 행정적 제재로 규제할 표현'인지, 또는 '관용과 존중, 다양성과 다원성으로 포용되어야 할 표현'인지를 구분해야 한다고 제안한다. 즉 라바트 행동 계획은 차별 금지를 위한 법제화를 부인하지 않지만, 법적 규제가 가지는 한계 때문에 그것은 필요 최소한의 범주에 그쳐야 하며, 결국 교육과 미디어의 역할 등을 통해 인식의 전환을 강조하는, 보다 다원적이고 다층적인 접근이 필요하다고 보고 있다.

마사 누스바움의 말대로 "변화는 수많은 정치적 시위보다도 어쩌면 이런 사건들(TV 프로그램이나 영화, 예술 같은) 때문에 일어났을 것이다." 따라서 혐오 표현은 사회적 관용으로 최대한 포용하되, 혐오 선동에 대해서는 발화의 지점이 공적 공간인지, 사적 공간인지에 따라 제재 여부(민·형사)를 결정하도록 하고, 혐오 범죄에 대해서는 형사·사법적인 제재를 강구하는 것이 바람직하다고 본다. 우리나라 형사·사법 체계상으로는 아직 '혐오 범죄'란 존재하지도 않는다.


## 8. 맺음말 : 인권의 정치

언어는 의미와 내용contents을 만들고, 의미와 내용은 프레임을 통해 세hegemony를 조직한다. 때문에 변화는 기존의 언어를 깨고 새로운 언어를 만들어 "재잘거리는 것"으로부터 시작한다. 시민적 자유가 '표현의 자유'로부터 생성되는 이유가 여기에 있다. 기존 질서는 당연히 새로운 언어의 등장·유포에 부정적이다. 낯선 것을 불온한 것, 위험한 것, 과격한 것으로 치부한다. 반인권의 일상을 살아 온 우리에게 인권은 아직도 낯선 게 부인할 수 없는 현실이다. 어쩌면 "마침표가 없"기 때문에 인권의 숙명 자체가 영원히 낯선 것일 수밖에 없는지도 모른다. "인권은 소수자의 언어"라는 명제는 그래서 매우 합당하다. 인권에 기반한 변화를 실현하기 위해서는 물론 새로운 언어를 창출하는 것도 중요하지만, 이에 도전하는 부정성을 분석하여 변증법적으로 지양시킬 때 변화의 단서를 잡을 수 있을 것이다. 우리 사회는 과연 인권의 언어에 합의하였는가? 인권을 통해 변화하고 있는가? 아니 그런 변화를 꾀하고는 있는가? 변화의 걸림돌은 무엇인가?

지난 2001년 국가인권위원회가 설립되면서 우리 사회에서 적어도 '인권'이라는 용어만큼은 '불온'의 딱지를 떼어 내고 비로소 보통명사로 통용되기 시작했다. 1987년 6월 항쟁 이후 형식적 민주주의가 확립되었다고는 하지만, 여전히 인권은 민주화, 운동권, 반정부라는 용어와 어깨를 나란히 하며 제도권 밖에서나 통용되던 용어였다. 인권 전담 국가기구의 설립은 그 활동의 유효성 여부를 떠나, 설립 그 자체만으로도 "국민의 인권 보장을 위해 국가가 존립한다"는 국민국가의 본질적 존재 이유를, 근대가 출범한 지 3, 4백년이 지난 시점에서야 비록 어정쩡하게나마 이 땅에서도 확인할 수 있게 해 주었다.

그러나 용어가 국가에 의해 인증되었다고 해서 그 내용마저 공인된 것은 아니었다. 아직도 적지 않은 사람들이 "주권은 (국민에게 있지 않고) 국가에 있으며, 모든 권력은 (국민으로부터 나온다기보다는) 대통령으로부터 나온다"고 여긴다. 헌법 제1조는 교과서에나 존재할 뿐 현실에선 어떠한 규범적 권위를 갖지 못한다. 실제 공무원 인권 교육을 진행하면서 "주권은 누구에게 있냐"고 질문을 던졌을 때, 적지 않은 공무원들이 "국가"라고 답해서 매우 당황한 경험도 있다. 상황이 이 지경이다 보니 '민주공화국'의 원리는 물론이거니와, "국가는 개인이 가지는 불가침의 기본적 인권을 확인하고 이를 보장할 의무를 진다"(헌법 제10조)는 헌법 조문은 그저 '좋은 얘기'rhetoric에 불과할 뿐 일반 국민들의 체감 현실과는 한참 동떨어진 얘기가 될 수밖에 없다.

학생 인권이 보장되면 교사의 인권이 침해된다며 교권 실현의 책무를 애꿎게도 학생에게 전가하는가 하면, 민주화로 시민들의 인권 의식이 예민해질수록 공권력이 무력화되면서 무질서가 초래되며 법치가 무너지고 법 집행 공직자의 인권이 침해된다고 여긴다. 공권력 행사자의 인권 보장 책무를 어처구니없게도 국민이 지는 구도가 만들어진다. 매번 권리 담론은 의무 담론과 책임 담론 앞에 무력화된다. 그래서 인권 교육은 '세상을 난장판'으로 만드는 부작용만 양산할 뿐이니 '반듯한' 인성교육으로 대체되어야 한다고 주장한다. 국가권력이 "가만히 있으라!" 하면 죽음이 덮쳐 와도 그저 가만히 있어야 하는 게 모범 국민의 도리이다.

왜 이렇게 되었을까? 식민지와 전쟁, 군사독재를 거치는 동안 야만적인 폭력을 온몸으로 경험하면서 국가권력이 절대 존엄으로 신성시되었고 이에 따라 상대적으로 시민사회의 성장(자기 성숙)이 심각하게 지체되었다. 절대군주의 '신민'에서 제국주의의 '식민'을 거쳐 국가 동원형 '국민'으로 형태 변환을 거듭하는 동안 정작 정치적 '시민'의 탄생과 성장이 계속 미뤄지고 지체된 탓에, 시민권은 물론이고 헌법이 보장하는 기본권조차도 주권자에게 내면화될 여지가 없었다. 정치권력과 경제성장의 과실이 소수에게 독과점되면서 대다수 시민의 자유와 평등이 신장될 수 있는 물질적 토대(하부구조)마저 상실했다. 경제·사회·문화적 권리는 국가의 정책적 목표는 될지언정 기본권으로 인정되기에는 언감생심 꿈도 못 꿀 일이 되었다.

심지어 법치주의가 무너지니 자유권적 기본권이 흔들리고, "자유 민주적 기본 질서"는 뜬금없이 '자유(민주)주의'라는 체제 이념으로 둔갑하고, 사상과 양심의 자유는 '빨갱이'와 동의어로 간주된다. "복지가 국민을 나태하게 만든다"는 집권당 전 대표의 인식 수준에서는 사회권적 기본권은 급진 좌파라는 특정 이념 집단의 주장으로밖에 비춰지지 않는다.

그나마 자유는 명분에 밀려 마지못해 찔끔찔끔 세상으로 '훈방 조치'되고는 있지만, 평등은 곧 반체제로 언어의 감옥에 꼼짝없이 갇혀 있는 꼴이다. "성장이 우선해야 분배도 있다"는 낙수trickle-down 이론이 인권 담론에도 영향을 미쳐서, "우선 먹고 살아야 그 다음에 인권"이라거나, "자유 다음에 평등"이라는 식의 오인이 곳곳에서 나타난다. 이로 인해 불가분성, 상호 의존성, 상호 연관성이라는 인권의 고유 특성은 제자리를 잡지 못한 채 유령처럼 배회하고 있다.

A등급의 국가인권위원회가 있고(물론 등급 보류 판정을 연거푸 받다가 최근에야 겨우 등급 유지되었지만), 국제사회에서 소위 '산업화'와 '민주화'를 경이롭게 성취했다고 평가받는 대한민국 인권 현실의 민낯은 바로 이것이다. 이와 같은 인권 상황의 총체적 난맥, 파행성은 안팎으로 시민(권)의 형성을 위협하며 인권의 지속 가능한 증진에 부정적 요인으로 작용했다. 이는 결국 '인권의 정치'에 대한 고민을 깊게 한다.

우리가 '산업화'와 '민주화'를 같은 층위에서 양시론적으로, 등가적으로 평가할 때, 곧바로 정작 '인간'은 사라지고 '배부름'만 남게 되는 자기모멸의 인식론적 파산에 직면하게 된다. "산업화가 우선이고, 인권과 민주주의는 그 다음"이라는 진술은 이의 단적인 사례다. 인간은 어떠한 경우에도 짐승과 같이 취급받아서는 안 된다. 짐승에겐 '배부름'이 곧 존재의 모든 것이지만, 인간에겐 그 배고픔도 배부름도 모두 존엄성으로 환원된다. 인간의 정체성이 곧 존엄성이고, 존엄성 없는 인간은 존재할 수 없기 때문이다. 그래서 "모든(단 한 사람도 예외 없이) 인간은 존엄하다."

우리 헌법도 기본권의 목록을 맨 앞에 제시하면서, 그것의 실현을 위한 도구와 방법으로서 이른바 '통치 구조'를 뒤에 배치해 놓은 까닭도 여기에 있다. 산업화도 결국 민주주의를 실현하기 위한 도구이자 방법에 불과한 것이고, 산업화로 표상되는 성장도 결국 인권으로 수렴되지 않는다면 '물신성'으로 치닫기 때문이다.

김대중이 말한 '서생적 문제의식'과 '상인의 현실감각' 역시 등가로 치부되는 게 아니라, 서생적 문제의식을 주류화하기 위한 하나의 전략으로 상인의 현실감각이 요구되는 것이다. 사회적 합의가 상인의 현실감각이라면, 인권의 가치야말로 서생적 문제의식이다. 따라서 정치인은 상인의 현실감각을 통해 인권의 가치를 사회적 합의로 주류화하기 위해 노력해야 할 책무가 있는 것이다. 사회적 합의가 되지 않았다는 이유로 인권의 가치를 물리거나 팽개치는 정치인의 작태는 앞뒤가 거꾸로 되어도 한참 거꾸로 된 것이다.

오늘, 식민지가 근대화로, 군대 '위안부'가 자발적 원정 성매

매로, 쿠데타가 혁명으로, 독재가 한국적 민주주의로, 세월호 사건이 교통사고로 둔갑하는 것의 배후에는 이런 도덕적 도착, 물신성이 도사리고 있기 때문이다. 어찌 보면 지금 한국에서 인권 레짐에 대한 숙의와 확산은 이러한 총체적 인식론적 착란과 파행을 돌파하여 다시 모든 것을 제자리로 되돌리려는 작지만 새로운 시도가 될 수 있을 것이다. 결국 문제는 인간 존엄성이다.

# 인권 세미나
**가치 투쟁과 인권의 정치**

초판 1쇄 발행  2021년 4월 29일
초판 2쇄 발행  2022년 8월 29일

지은이  김형완
펴낸이  오은지
책임편집  변홍철
편집  오은지 변우빈
펴낸곳  도서출판 한티재 | 등록  2010년 4월 12일 제2010-000010호
주소  42087  대구시 수성구 달구벌대로 492길 15
전화  053-743-8368 | 팩스  053-743-8367
전자우편  hantibooks@gmail.com | 블로그  blog.naver.com/hanti_books
한티재 온라인 책창고 hantijae-bookstore.com

ⓒ 김형완 2021
ISBN  979-11-90178-48-8 04300
ISBN  978-89-97090-40-2 (세트)